초등쌤이 알려주는 그럴 수가

그리스 로마
신화의 비밀

그리스 로마 신화의 비밀

1판 1쇄 펴낸 날   2024년 5월 27일
1판 2쇄 펴낸 날   2025년 4월 25일

지은이   유준상
그린이   신정아
디자인   최한나

펴낸이   박현미
펴낸곳   (주)이북스미디어
출판등록   2022년 4월 25일(제2022-000038호)
주소   서울시 용산구 임정로 11길 4
전화   031-949-9055
팩스   0505-903-5003
전자우편   admin@yibooks.co.kr

ⓒ 유준상·신정아, 2024
ISBN 979-11-983547-7-8 74710
      979-11-979285-8-1 (세트)

• 이 책은 저작권법에 의해 보호를 받으며 본사의 허락없이 복제 및 스캔 등을 이용해 무단으로 배포할 수 없습니다. 책의 내용을 재사용하려면 반드시 동의를 구해야 합니다.
• 잘못된 책은 구매처에서 교환해 드립니다.
• 책값은 뒤표지에 표시되어 있습니다.

초등쌤이 알려주는 그럴 수가

그리스 로마
신화의 비밀

이북스
미디어

작가의 말

여러분은 태양계 행성들의 이름이 그리스 로마 신화에서 유래됐다는 것을 알고있나요? 이외에도 헤르메스의 날개 모자가 네이버의 로고가 되고, 니케의 날개가 나이키가 되는 등 현대의 삶에도 다방면에 녹아 있답니다. 아는 만큼 보인다는 말이 있습니다. 알고 나서 보이는 세상은 조금 더 재미있고 신기할 거예요. 주변에 대한 호기심과 탐구심을 갖고, 그리스 로마 신화로부터 비롯된 것들을 찾아보며 이 책을 읽으면, 유추하는 능력과 깊이 생각하는 힘을 기를 수 있답니다.

교통과 통신의 발달로 전 세계가 일일생활권에 들어오며, 우리는 그 어느 때보다 활발하게 다른 나라와 교류하고 있습니다. 영화, 음악, 여행, 예능 등 여러 매체를 통해 외국 문화를 손쉽게 접하고 여러 나라와 무역하며 다양한 수입품을 사용하고, 외국 식당도 길거리에 늘고 있지요. 최근에 발표된 2022 개정 교육과정에서는 이러한 시대 흐름에 맞추어 '세계 시민 역량'을 미래 인재를 위한 핵심 역량으로 강조하고 있어요. 학생 때부터 세계 시민 역량을 기르려면 어떻게 해야 할까요? 저는 그 출발을 딱딱한 역사

책과 연대표보다 재미있고 흥미진진한 신들의 이야기로 시작하길 추천합니다.

우리나라 역사를 예로 들어볼까요? 우리나라 역사를 제일 처음 배울 때 무엇부터 배우나요? 바로 단군 신화예요. 하늘나라의 신이 내려와 곰 부족과 힘을 합쳐 나라를 건국했다는 단군 신화 속에는 우리 민족의 뿌리와 문화를 설명해주는 재미있는 이야기들이 담겨있어요. 마찬가지로 그리스 로마 신화는 프랑스, 이탈리아, 그리스 등 유럽 국가의 뿌리라고 할 수 있어요. 그리스 로마 신화를 배우며, 서구권 국가들의 역사와 문화가 어떻게 시작되었고, 과거 사람들이 어떤 신을 믿고, 어떻게 생활했는지 알 수 있답니다.

이 책에는 용감한 영웅들의 모습과 세상을 다스린다고 믿었던 신들의 모습이 재미있는 캐릭터와 함께 흥미로운 이야기들로 구성되어 있어요. 멋지고 뛰어나지만, 때로는 실수하는 영웅들의 모습을 통해 인생의 교훈도 배우고, 신의 사랑과 다툼에 얽힌 이야기들을 통해 기쁨, 질투, 슬픔 등의 감정들도 생생하게 느낄 수 있답니다. 자 그럼 영웅과 신들이 존재하는 그리스 로마 신화 속으로 출발해볼까요?

— 작가 유준상, 신정아

차례

1장 올림포스의 신 1세대

① 신들의 왕 **제우스** ······ 014
② 신들의 여왕 **헤라** ······ 018
③ 바다의 신 **포세이돈** ······ 022
④ 대지의 여신 **데메테르** ······ 026
⑤ 지하 세계의 신 **하데스** ······ 030

2장 올림포스의 신 2세대

① 지혜와 전쟁의 여신 **아테나** ······ 036
② 전쟁과 군인의 신 **아레스** ······ 040
③ 태양의 신 **아폴론** ······ 044
④ 달과 사냥의 여신 **아르테미스** ······ 048
⑤ 사랑의 여신 **아프로디테** ······ 052
⑥ 대장장이의 신 **헤파이스토스** ······ 056
⑦ 전령의 신 **헤르메스** ······ 060
⑧ 포도주와 부활의 신 **디오니소스** ······ 064

3장 그리스 신화의 영웅들

① 영웅의 대명사 **헤라클레스** ······ 070
② 트로이의 영웅 **오디세우스** ······ 074
③ 황금 양털의 영웅 **이아손** ······ 078
④ 그리스 연합군의 영웅 **디오메데스** ······ 082
⑤ 그리스 연합군 총사령관 **아가멤논** ······ 086
⑥ 무적의 영웅 **아킬레우스** ······ 090

7 카스토르와 **폴룩스** ··· 094
8 미로의 **테세우스** ··· 098
9 영웅의 아들 **텔레마코스** ··· 102
10 메두사를 물리친 영웅 **페르세우스** ························· 106

4장 괴물과 반인반수

1 독사 머리카락을 가진 **메두사** ··································· 112
2 끔찍한 독 **히드라** ··· 116
3 제우스와 싸운 **티폰** ··· 120
4 지하 세계의 파수견 **케르베로스** ······························· 124
5 철과 놋쇠의 장인 **텔키네스** ····································· 128
6 바다를 삼킨 괴물 **카리브리스** ··································· 132
7 영웅들의 뛰어난 스승 **케이론** ··································· 136

5장 그리스 로마 신화에서 유래된 말

1 **에코**와 **나르키소스** ··· 142
2 **판도라**의 상자 ··· 146
3 **미다스**의 손 ··· 150
4 유혹의 노래 **세이렌** ··· 154
5 정복과 승리의 신 **니케** ··· 158
6 황소에 올라탄 공주 **에우로페** ··································· 162
7 포세이돈의 아들 **아틀라스** ······································· 166
8 조각과 사랑에 빠진 **피그말리온** ······························· 170
9 **시시포스**의 형벌 ··· 174
10 창작의 영감 **뮤즈** ··· 178

1장
올림포스의 신 1세대

올림포스의 신 1세대 ①

신들의 왕
ㅈ ㅇ ㅅ

① 제우스　② 정우성　③ 제임스

#천둥 #번개 #하늘 #왕권의_신 #율법 #정의 #독수리 #번개

신들의 왕 제우스

신들의 전쟁에서 승리하고 올림포스를 만든 제우스

 그리스 로마 신화에는 여러 신이 출현합니다. 이 많은 신 중에서 가장 강력한 신은 누구일까요? 바로 신들의 왕 제우스죠. 제우스는 하늘의 신으로 세상의 모든 일을 굽어살피고 천둥으로 만든 무기 '아스트라페'로 괴물과 악인을 벌한다고 알려져 있어요.

 여러 강한 신 사이에서 제우스는 어떻게 신들의 왕이 되었을까요? 그 비밀은 제우스의 탄생과 관련이 있습니다. 제우스는 아버지인 크로노스와 어머니 레아 사이에서 태어났는데요. 크로노스는 대지의 여신 가이아에게 '자신이 낳은 아이에게 왕좌를 뺏길 것이다.'라는 예언을 듣게 되고 왕좌를 지키기 위해 자식이 태어날 때마다 통째로 잡아먹어요. 자기가 낳은 자식을 다섯 명이나 잡아먹는 것을 본 레아는 속상한 마음에 크로노스를 속이기로 마음먹었어요. 여섯 번째 자식을 낳기 전에 미리 커다란 돌을 준비해 두었다가 자식을 낳자마자 아기 대신 돌을 보자기에 싸서 크로노스에게 주었어요. 크로노스는 이 돌을 통째로 허겁지겁 삼키느라 알아채지 못했고, 여섯 번째 자식인 제우스는 간신히 살아남아 크레타섬에서 숨어 살게 됩니다. 크레타섬에서 요정들의 보살

픔으로 무럭무럭 자란 제우스는 아버지를 몰아내고 형제자매들을 구할 계획을 세워요. 아버지 크로노스가 삼킨 형제자매들을 구하기 위해 지혜의 신 메티스에게 먹은 모든 것을 토해내는 약을 받아와요. 어머니 레아의 도움으로 크로노스가 마시는 술에 토하는 약을 타는 데 성공하고, 크로노스는 삼켰던 자식들과 돌덩이까지 모두 뱉어냈죠. 제우스는 형제자매들과 힘을 합쳐 아버지 크로노스를 몰아내고, 새로운 신들의 탄생을 알립니다. 제우스는 막내였지만 가장 먼저 자라나 형제자매들을 구했기 때문에 신들의 왕이 되었답니다. 이후 제우스는 여러 자식을 낳았고, 그리스 로마 신화에 나오는 여러 신들이 탄생하게 되었답니다.

✿ 그리스 신과 행성 이름

그리스 로마 신화는 그 당시 사람들에게 영향을 주어 태양계 행성의 이름이 되었다.

행성	수성	금성	지구	화성
그리스어	헤르메스	아프로디테	가이아	아레스
영어	머큐리	비너스	어스	마르스

행성	목성	토성	천왕성	해왕성
그리스어	제우스	크로노스	우라노스	포세이돈
영어	주피터	새턴	우라누스	넵튠

올림포스의 신 1세대 ②

신들의 여왕
ㅎ ㄹ

① 하라   ② 하루   ③ 헤라

#정실부인 #여왕 #여신_중의_여신 #질투 #공작새
#복수의_화신 #결혼 #아레스_헤파이스토스의_어머니

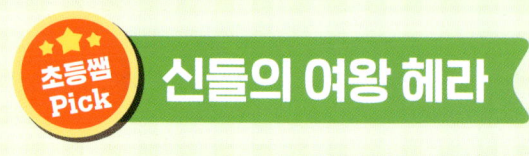

강력한 여신이지만 질투도 많은 헤라

　결혼과 가정의 신 헤라는 아주 아름답고 강력한 여신이랍니다. 그리스 신화의 주신 제우스의 정실부인 헤라는 결혼 생활의 수호신이기도 해요. 바람기 많은 남편 제우스 탓에 그녀는 드세고 질투심 많은 여성으로 유명하죠. 하지만 한결같이 정절을 지키며 일부일처제를 사회규범으로 삼은 그리스인들에게 귀감이 되기도 합니다. 헤라는 아프로디테, 아테나 등과 미모를 다툴 정도로 아름다운 자태를 지녔어요. 그녀의 아름다움은 아프로디테와 달리 최고 신의 정숙한 아내로서 고상하고 단아한 매력을 갖고 있어요. 이런 헤라의 아름다움에 반한 제우스는 헤라에게 끈질기게 구애했고, 결국 그들은 올림포스 신들의 축복을 받으며 성대한 결혼식을 올리죠. 제우스의 정식 결혼은 헤라가 마지막이었습니다.

　그러나 평생 헤라만을 사랑할 것을 약속했던 제우스는 그 후로 다른 여자들과 바람을 피워 헤라를 속상하게 했어요. 심지어 제우스는 헤라를 모시는 사제였던 이오와도 바람을 피웠어요. 아내인 헤라에게 들키지 않으려고 구름까지 불러오는 치밀함을 보였죠. 이 구름을 수상쩍게 여긴 헤라가 다가가자 들키지 않으려고 이오를 암소로 변신시킵니다. 암소가 의심스러웠던 헤라는 암소를 자기에게 선물로 달라고 했고, 100개의 눈을 가진 거인 아르고스에게 감시하게 했어요. 제우스는 헤르메스에게 이오를 구출하라는 임무를 내렸고, 헤르메스는 아르고스를 잠재우고 이오를 구해냅니다. 하지만 결혼과 가정의 여신인 헤라는 바람둥이 제우스를 용서할 수 없었어요. 제우스를 혼낼 수는 없었던 헤라는 소의 피를 빨아먹는 벌레를 이오에게 붙였고, 결국 제우스가 헤라에게 용서해 달라고 싹싹 빌어 이오를 사람으로 되돌릴 수 있었어요. 이 과정에서 희생된 거인 아르고스의 100개의 눈을 헤라가 아끼던 공작새의 꽁지깃에 붙여주었어요. 그 뒤로 공작새는 헤라를 상징하는 동물이 되었답니다.

✿ 제우스의 바람을 막는 방법, 복수

그리스 로마 신화 전반에 걸쳐 제우스의 바람기는 매우 중요한 에피소드이다. 제우스의 바람 때문에 마음고생이 심했던 헤라는 아무리 노력해도 남편의 바람을 막을 수 없자 차선의 방법으로 바람피운 대상에게 복수하는 방법을 택한다. 헤라의 보복이 무서우면 제우스의 유혹을 알아서 피하라는 경고를 담고 있지만 제우스의 변신술은 그보다 한 수 위였다.

올림포스의 신 1세대 ③

바다의 신
ㅍ ㅅ ㅇ ㄷ

① 파사우드   ② 포세이돈   ③ 패스워드

#바다 #지진 #돌풍 #돌고래 #말 #트리아이나
#제우스_하데스_형제 #부성애

내 자식은 내가 지킨다!

  포세이돈은 파도로 이루어진 말을 타고 삼지창(트리아이나)을 휘두르는 멋진 바다의 신이에요. 바다와 물을 다스리는 포세이돈은 삼지창을 휘둘러 지진과 해일을 일으키는 초능력을 가진 강한 신이죠. 또 포세이돈은 바람둥이 동생 제우스와 달리 아내와 자식을 매우 사랑하기로 유명한데, 이것과 관련된 재밌는 이야기가 있습니다.

  트로이 전쟁의 영웅 오디세우스가 전쟁을 마치고 배를 타고 집에 돌아가는 길에 거인들이 사는 섬에 도착해요. 오디세우스와 부하들은 식량을 구하기 위해 양을 쫓아 동굴에 들어갔는데 그곳에는 맛있는 치즈와 음식이 있었어요. 너무 배고팠던 오디세우스는 주인의 허락도 받지 않고 음식을 먹었어요. 그런데 갑자기 쿵쿵거리는 소리와 함께 외눈박이 거인이 동굴로 들어왔어요. 이 거인은 바로 포세이돈의 아들인 폴리페모스였어요. 폴리페모스는 오디세우스의 부하를 잡아먹고 동굴의 문을 닫아 나머지 사람들을 가두었어요. 오디세우스는 탈출하기 위해 꾀를 내어 폴리페모스에게 술을 선물해요. 술에 취한 폴리페모스가 기분이 좋아져 오디세우스에게 선물을 주겠다며 이름을 물어봤어요. 오디세우스는 자기 이름을 '아무도 안'이라고 소개합니다. 폴리페모스는 이상한 이름이라고 생각하면서도 "내가 특별히 너는 마지막에 잡아먹어 줄게. 그게 내 선물이야."라고 말합니다. 술에 취한 폴리페모스가 잠이 들자, 오디세우스는 창으로 눈을 찔러 눈을 멀게 하고 도망쳤어요. 폴리페모스가 비명을 지르자, 주변에 있던 다른 거인들이 소리를 듣고 찾아와서 물었어요. "눈이 왜 그래? 누가 그랬어?" 폴리페모스는 화가 나서 대답했어요. "아무도 안이야! 내 눈을 아무도 안 찔렀어!" 다른 거인들은 그 말을 듣고 "아무도 안 그랬다면 너 혼자 천벌 받은 거야."라고 말하며 돌아갔어요. 그 사이 오디세우스는 양의 배 밑에 매달려서 몰래 도망쳤어요. 그리고 무사히 탈출하여 신나서 외쳤어요. "사실 내 이름은 '아무도 안'이 아니라 오디세우스다!" 화가 난 폴리페모스는 아버지 포세이돈에게 이 사실을 알렸고, 분노한 포세이돈이 파도를 일으켜 오디세우스는 집에 도착하지 못하고 10년 동안이나 바다를 떠돌게 되었습니다.

포세이돈의 로마식 이름은 넵투누스이다.

올림포스의 신 1세대 ④

대지의 여신
ㄷ ㅁ ㅌ ㄹ

① 데메테르 ② 돌마타리 ③ 단무타려

#곡식 #수확 #사계절 #풍요 #농경 #제우스와_사이에_딸_페르세포네
#하데스의_석류

대지의 여신 데메테르

따스하면서도 매서운 데메테르

데메테르는 곡식과 대지의 여신이에요. 땅 위에 자라나는 모든 생명체를 돌보고 풍요롭게 만드는 따뜻한 성품을 가진 여신으로 잘 알려져 있어요. 특히 과거에는 농업이 중요했던 만큼 고대 그리스 로마 지역에서는 추수절에 데메테르에게 감사하는 축제가 열렸어요.

데메테르에게는 페르세포네라는 예쁜 외동딸이 있었어요. 그런데 페르세포네에게 반한 저승의 왕 하데스가 꽃을 따던 페르세포네를 납치해서 지하 세계로 데려가 버렸어요. 실종된 딸을 찾던 데메테르는 점점 수척해지고, 마침내 하데스가 딸을 납치한 사실을 알아냈어요. 데메테르는 너무나도 화가 나고 속상한 나머지 대지와 곡식을 돌보는 것을 내팽개치고 올림포스의 다른 신들과도 떨어져 지냈어요. 그러자 인간들이 아무리 열심히 밭을 일구고 씨를 뿌려도 씨앗은 싹을 틔우지 못했고 땅은 얼어버렸어요. 상황이 심각해지자 제우스는 데메테르를 달래기 위해 노력했지만, 아무 소용이 없었어요. 그녀가 바라는 것은 오직 딸을 찾는 것뿐이었죠. 결국 제우스는 지하 세계로 가서 하데스에게 페르세포네를 돌려보내라고 명령했어요. 하데스는 최고 신의 명령을 거부할 수 없었기에 어쩔 수 없이 페르세포네를 돌려보내야만 했어요. 하지만 페르세포네에게 자신을 잊지 말고 돌아와 달라고 간절히 부탁했어요. 그리고 페르세포네에게 석류 씨를 먹였어요. 지하 세계의 음식을 먹으면 지하로 돌아와야 한다는 법칙이 있기 때문이죠.

드디어 다시 만나게 된 페르세포네와 데메테르는 너무 기뻤어요. 꽁꽁 언 땅에는 다시 새싹들이 자라기 시작했고 따뜻한 봄이 찾아왔어요. 그러나 지하 세계의 음식을 먹은 페르세포네는 일 년 중 4개월은 다시 지하 세계로 돌아가야 했고, 사랑하는 딸이 돌아갈 때마다 땅에는 *겨울이 찾아왔답니다.

이렇게 사계절이 생기게 되었고 매년 페르세포네가 어머니 품으로 돌아올 때마다 봄이 오기 때문에 페르세포네는 봄의 여신으로 알려졌답니다.

* 헤어져 있는 기간이 겨울이라는 설도 있지만, 밀 수확기가 지난 여름 6월부터 9월이라고 보는 설도 있다.

데메테르는 로마 신화의 케레스에 해당한다.

지하 세계의 신
ㅎ ㄷ ㅅ

① 핸더슨　② 하데스　③ 허드슨

#지하세계 #죽음 # 광물의_신 #수문장_케르베로스 #퀴니에
#뿔잔 #올림포스_12신의_장남

지하 세계의 신 하데스

죽은 사람들은 모두 내가 다스린다

하데스는 크로노스의 아들로 신들의 왕 제우스, 바다의 신 포세이돈과 형제예요. 제우스와 올림포스의 신들이 고대 신 티탄족들과 벌인 전쟁 '티타노마키아'에서 제우스의 편에 서서 싸웠어요. 제우스에게 번개창 아스트라페, 포세이돈에게는 삼지창 트리아이나가 있었다면 하데스에게는 퀴네에라는 투구가 있었어요. 퀴네에를 머리에 쓰면 감쪽같이 사라지는 투명 마법이 걸린 투구였어요. 하데스는 이 투구를 쓰고 아버지 크로노스의 무기를 훔쳐 티타노마키아를 올림포스 신들의 승리로 이끌었어요. 티타노마키아가 끝난 뒤 다스릴 곳을 정하는 뽑기를 했는데 제우스는 하늘을, 포세이돈은 바다를, 하데스는 지하 세계를 뽑았어요. 그래서 하데스는 지하 세계의 왕이 되었답니다. 그리스 로마 시대의 사람들은 죽고 나면 지하 세계(저승)으로 간다고 생각했어요. 지하 세계에는 산 사람의 땅과 죽은 사람의 땅을 나누는 특별한 강이 흐르는데 이 강이 바로 스틱스강이에요. 스틱스강은 지하 세계를 감싸고 있다고 전해지는데 죽은 사람들은 이 강을 건너야만 하데스가 다스리는 지하 세계에 들어갈 수 있다고 해요. 이 강을 건너기 위한 유일한 방법은 뱃사공 '카론'의 배를 타는 것이에요. 죽은 자들은 카론에게 배를 타는 요금으로 동전을 지급해야 하고, 돈이 없어서 배를 타지 못하면 100년 동안 강가를 떠도는 유령이 된다고 해요. 그래서 고대 그리스 로마 사람들은 저승에 가서 배 타는 요금을 내라고 죽은 사람의 입에 동전을 넣어주거나 눈에 동전을 덮어주었어요. 또 이 스틱스강은 신들도 어길 수 없는 맹세의 상징이기도 해요. 스틱스강에 대고 한 맹세를 어길 경우 1년 동안 숨도 못 쉬고, 9년 동안 신으로 대접받을 수 없다는 규칙이 있었기 때문에 신들의 왕 제우스도 스틱스강에 한 맹세는 절대 어길 수 없었어요. 스틱스강을 건너면 하데스가 살고 있는 지하 궁전이 나오는데 이 지하 세계의 문은 세 개의 머리를 가진 사냥개 케르베로스가 지키고 있어요. 케르베로스는 세 머리에서 화염, 맹독, 냉기 등을 뿜어낸다고 해요. 문을 통과하면 살면서 지은 죄에 따라 심판을 받았다고 합니다.

하데스와 케르베로스. 로마식 이름은 플루톤.

2장
올림포스의 신 2세대

올림포스의 신 2세대 ①

지혜와 전쟁의 여신
ㅇ ㅌ ㄴ

① 안테나　② 오타니　③ 아테나

#지혜_전쟁_직물_요리_도기_문명의_여신
#아이기스 #올리브_나무 #올빼미 #뱀 #여전사 #파르테논_신전

 **지혜와 전쟁의 여신 아테나**

도시를 지키는 지혜로운 여신

아테나는 제우스의 머리에서 태어났다고 해요. 제우스는 헤라와 결혼하기 전에 지혜의 신인 메티스와 사랑을 나누었는데 이때 생긴 자식이 자기를 몰아내고 왕좌를 빼앗을 것을 두려워했어요. 그래서 메티스를 통째로 삼켰는데 출산할 때가 되자 제우스는 심한 두통에 시달리게 되었어요. 보다 못한 헤파이스토스가 제우스의 머리를 내리치자, 제우스의 머리에서 아테나가 갑옷을 입고 태어났어요. 지혜의 신 메티스의 피를 물려받은 아테나는 매우 똑똑하여 지혜의 여신으로 불리게 되었어요. 제우스는 첫째 딸인 아테나를 예뻐하여 자기가 아끼던 최강의 방패 아이기스를 물려주었어요. 그래서 아테나 여신의 동상이나 그림을 보면 대부분 창과 방패를 들고 있어요. 아테나 여신은 전쟁의 신이기도 한데요. 아테나의 무기 중 하나인 아이기스 방패에서 알 수 있듯이 외부의 침입으로부터 국가나 도시를 방어하는데 주로 힘을 발휘하는 수호신 역할을 많이 했답니다.

여러분은 혹시 그리스의 수도가 어딘지 알고있나요? 바로 아테네예요. 아테나와 아테네, 이름이 굉장히 비슷하지 않나요? 이와 관련된 재미있는 이야기가 있어요. 아테나는 인간들의 아름다운 도시 아테네를 두고 포세이돈과 내기를 해요. 인간에게 더 도움이 되는 선물을 주는 자가 아테네의 수호신이 되어 인간들의 존경과 찬양을 받기로 말이죠. 포세이돈은 삼지창으로 땅을 때려 말과 샘을 선물해주고, 아테나는 올리브 나무를 만들어주었어요. 아테네의 시민들은 두 신의 선물 중 무엇을 골랐을까요? 바로 올리브 나무였답니다. 아테네는 햇빛이 강하고 바위가 많아 나무가 자라기 힘든 환경이었어요. 척박한 환경에서도 잘 자라고, 시원한 그늘도 만들어주고, 맛있는 식량까지 제공해주는 올리브 나무가 더 마음에 들었던 것이죠. 이후 아테나는 아테네의 수호신이 되었고 시민들의 존경을 한 몸에 받았답니다. 그리스의 수도 아테네에 가보면 지금도 아테나를 기리던 파르테논 신전 유적이 있어요.

그리스 아테네의 아크로폴리스에 있는 파르테논 신전.

올림포스의 신 2세대 ②

전쟁과 군인의 신
ㅇ ㄹ ㅅ

① 앨리스 ② 아레스 ③ 윌리스

#전쟁의_신 #로마_마르스 #제우스_차남 #이복누나_아테나 #호전적
아프로디테의_연인

전쟁과 군인의 신 아레스

일단 돌격! 성질 급한 싸움꾼

아레스는 제우스와 헤라의 아들로 전쟁의 신이자 신들의 왕자입니다. 전쟁의 신답게 아레스의 조각상이나 그림은 날카로운 창과 방패 그리고 투구를 쓴 모습이 많아요. 아레스는 이복누나(엄마가 다른)이자 전쟁의 여신 아테나와 자주 비교되었는데요. 도시를 수호하고 지혜의 여신으로도 불리던 아테나는 모두에게 사랑받았지만, 아레스는 공격하고 파괴적이고 난폭하며 잔인한 전쟁을 좋아했기 때문에 아무도 그를 좋아하지 않았어요. 당연히 둘은 사이가 좋지 않았고 마주치기만 하면 서로 다투었어요. 아레스의 아들 키크노스가 지나가던 사람을 마구 죽이자 영웅 헤라클레스가 그를 죽이게 돼요. 자기 아들 키크노스를 죽이자 화가 난 아레스가 헤라클레스를 공격했고, 이때 아테나가 나타나 헤라클레스를 보호하며 아레스의 창이 빗나가게 했어요. 그러나 헤라클레스가 던진 창은 아레스의 허벅지에 맞았고, 아레스는 피 흘리며 올림포스로 도망쳤다고 해요.

다른 신들에게 무례하게 굴고 싸움꾼이었던 아레스에게도 연인이 있었는데요. 바로 아름다움의 여신 아프로디테예요. 아프로디테는 아레스의 멋진 외모에 반해 그를 좋아했어요. 심지어 남편인 헤파이스토스가 있는데도 몰래 아레스와 바람피웠어요. 손재주가 좋은 헤파이스토스는 이 사실을 알고 둘이 바람피는 순간을 잡기 위해 몰래 함정 장치를 만들어 아프로디테의 침대에 설치했죠. 함정이 있을 거라고는 꿈에도 생각지 못했던 아레스와 아프로디테가 신이 나서 침대로 들어가던 순간! 덜컥! 함정이 작동해 두 신은 꼼짝없이 그물에 갇혀버렸어요. 화가 난 헤파이스토스는 둘을 망신 주기 위해 모든 신을 불러 바람피우려던 두 신을 놀림거리로 만들었답니다.

여러분 혹시 이 기호 ♂ 우가 무슨 의미인지 알고 있나요? 바로 남자와 여자의 상징기호예요. 이 기호도 바로 아레스와 아프로디테에게서 유래되었어요. 강한 남성성을 가진 아레스의 뾰족한 창과 방패를 합쳐 그린 것이 ♂, 아름다움의 여신인 아프로디테의 손거울을 그림으로 나타낸 것이 우 표시라고 합니다. 아직도 우리 주변에 그리스 로마 신화와 관련된 것이 많다는 게 참 신기하죠?

전쟁의 신 아레스. 로마 신화의 이름은 마르스이다.

올림포스의 신 2세대 ③

태양의 신
ㅇㅍㄹ

① 움푸레 ② 인플레 ③ 아폴론

#태양_예언_궁술_음악_시 #리라 #아르테미스_쌍둥이
#월계수 #백조 #돌고래

태양의 신 아폴론

모든 것을 잘하는 신도 사랑은 정말 어려워!

　아폴론은 제우스와 레토의 아들로 여러 방면에 재주가 많은 신이에요. 헬리오스와 함께 태양의 신, 황금 리라를 기가 막히게 연주하는 음악의 신, 한 번 쏜 화살이 빗나간 적이 없는 궁술의 신, 병을 다스리고 치료해주는 치유의 신 등 다양한 재주를 가진 신으로 유명합니다. 또 아폴론을 예언의 신이라고 부르기도 해요. 아폴론이 태어날 때 어머니 레토를 괴롭혔던 피톤이라는 거대 뱀이 있었어요. 태어난 지 3일 만에 신들의 음식을 먹고 어른이 된 아폴론은 제우스의 명령을 받아 피톤을 죽이러 델포이로 향합니다. 델포이에는 피톤이 살고 있는 가이아의 신전이 있었는데, 치열한 싸움 끝에 아폴론이 쏜 화살에 피톤이 쓰러지며 델포이의 신전은 아폴론 신전이 되었어요.

　아폴론과 관련된 식물은 바로 월계수와 해바라기입니다. 왜 그런지 월계수부터 알아볼까요? 아폴론이 사랑했던 다프네라는 요정이 있었어요. 사랑에 빠진 아폴론은 다프네를 쫓아다니고 다프네는 아폴론을 피해 도망치다 강의 신인 아버지에게 소원을 빌어 월계수라는 나무로 변해버려요. 아폴론은 다프네를 그리워하며 왕관 대신 월계수 잎을 엮어 만든 월계관을 쓰고 뛰어난 사람이나 승자에게 월계관을 씌워주며 다프네를 잊지 않겠다고 맹세해요. 그 후로 그리스와 로마 지역의 전쟁에서 승리한 장군이나 대회 우승자에게 월계관을 씌워주었어요. 이것이 현재까지 이어져 올림픽 우승자에게는 *월계관을 수여한답니다.

두 번째 식물은 바로 해바라기예요. 잘생긴 아폴론을 짝사랑하던 클리티에라는 요정이 있었어요. 하지만 아폴론은 레우토코에라는 아름다운 공주와 사랑에 빠져 클리티에를 쳐다보지도 않았죠. 슬픔에 빠진 클리티에는 먹지도 마시지도 않고 하루 종일 아폴론을 상징하는 태양만 바라보다 해바라기가 되어버렸답니다. 그래서 해바라기의 꽃말은 변치 않는 사랑이라고 해요.

* 월계수 나무 대신 아테나의 상징인 올리브 나무나, 올림픽이 열리는 나라에서 자라는 다른 나무를 사용할 때도 있다.

아폴론은 머리에 월계관을 쓰고, 손에는 리라를 들고 있는 아름다운 청년으로 묘사한다.

올림포스의 신 2세대 ④

달과 사냥의 여신
아르테미스

① 아르테미스   ② 아르토무스   ③ 아르투메스

#달_사냥_처녀성_여신 #다이애나 #아폴론_쌍둥이 #곰_사슴_활_초승달

 ## 달과 사냥의 여신 아르테미스

사랑은 필요 없어!

 달의 여신 아르테미스는 제우스와 레토의 딸이자 태양의 신인 아폴론의 쌍둥이 누나예요. 또 사냥의 여신이자 결혼하지 않은 여자들을 지키는 처녀의 신이기도 합니다. 아르테미스와 관련된 이야기 중에서는 별자리 이야기가 많아요. 아르테미스를 섬기는 요정 중 아름답기로 유명한 칼리스토가 있었어요. 제우스는 칼리스토를 보자마자 첫눈에 반해버려요. 제우스는 칼리스토를 유혹했으나 칼리스토는 처녀 신인 아르테미스를 섬기며 남자와 결혼하거나 사랑을 하지 않기로 맹세했기 때문에 제우스를 거부했어요. 바람둥이 제우스는 꾀를 내어 아르테미스의 모습으로 변신해서 칼리스토에게 다가가 결국 사랑을 나누었고, 제우스의 아기를 임신하게 되었죠. 칼리스토는 아르테미스에게 혼날까 봐 임신 사실을 숨겼어요. 그러나 목욕하던 중 아르테미스에게 임신한 사실을 들키고 말았고, 화가 난 아르테미스는 칼리스토를 쫓아내요. 칼리스토는 아들을 낳았으나 분노한 헤라에게 벌을 받아 곰으로 변해 버렸죠. 곰이 되어 숲속을 떠돌던 칼리스토는 사냥꾼이 된 아들을 만나게 되었어요. 반가운 마음에 달려가던 칼리스토를 본 아들은 곰이 자기를 공격한다고 생각하여 활을 쏘았고, 이것을 보고 있던 제우스는 칼리스토와 아들을 구하기 위해 큰곰자리와 작은곰자리라는 별자리로 만들어주었어요.

평생 처녀 신으로 살겠다고 맹세했던 아르테미스도 포세이돈의 아들 오리온을 보고 사랑에 빠져요. 아폴론은 누나인 아르테미스가 맹세를 어기고 오리온과 결혼할까 봐 걱정하기 시작했죠. 바다에서 머리만 내놓고 수영하던 오리온을 발견한 아폴론은 아르테미스의 궁술 실력을 자극했고, 발끈한 아르테미스는 화살을 쏘아 맞히고 말아요. 파도에 떠밀려온 오리온의 시체를 보고 자기의 실수를 알게 된 아르테미스는 그를 살리기 위해 아버지 제우스에게 부탁했어요. 최고 신인 제우스도 차마 죽은 자를 살릴 수는 없었기에 오리온을 별자리로 만들어 달의 여신인 아르테미스와 밤하늘에 함께 빛나게 해주었답니다.

달과 야생동물·처녀성의 여신. 로마 신화의 이름은 다이애나.

올림포스의 신 2세대 ⑤

사랑의 여신
ㅇㅍㄹㄷㅌ

① 아폴로대타　② 아프로디테　③ 아푸루두투

#미와_사랑의_여신 #남편_헤파이스토스 #아레스_불륜 #거품 #비너스

사랑의 여신 아프로디테

세상에서 가장 아름다운 여신은 나야 나!

   사랑과 아름다움의 여신 아프로디테는 '거품에서 태어난 여신'이라는 뜻으로 지금의 튀르키예에 있는 키프로스섬에서 태어났다고 전해져요. 아프로디테는 아름다움의 여신답게 태어날 때부터 눈부시게 아름다워서 모든 남신들이 보자마자 한눈에 반했다고 해요.

   아프로디테의 이야기 중 황금 사과 이야기가 있어요. 옛날 옛적 바다의 여신 테티스와 펠레우스라는 왕의 결혼식이 있었어요. 여신 테티스와 왕 펠레우스는 둘의 결혼을 축하하기 위해 큰 잔치를 열고 여러 신들을 초대했어요. 올림포스의 많은 신들과 인간들이 참석한 가운데 초대받지 못한 신이 하나 있었어요. 바로 불화의 여신 에리스였죠. 사람들의 싸움을 부르는 불화의 여신이기 때문에 초대를 안 했던 것이었죠. 그 사실을 알고 화가 난 에리스는 몰래 결혼식에 들어와 예쁜 황금 사과를 하나 두고 갔어요. 이 사과에는 '가장 아름다운 여신께 선물로 드립니다'라고 적혀 있었어요. 이 사과를 본 세 여신이 서로 자기 것이라고 주장하기 시작했는데 그 세 여신은 바로 헤라, 아테나, 아프로디테였어요. 헤라는 신들의 여왕인 자기가 사과를 갖는 것이 맞다고 주장했고, 아테나는 외모의 아름다움뿐 아니라 지혜의 아름다움까지 가진 자기 것이라고 주장했어요. 아프로디테는 아름다움의 여신인 자기가 갖지 않으면 누가 갖겠냐고 말했죠. 셋의 싸움이 커지자 제우스는 싸움을 멈추기 위해 파리스라는 소년에게 판단을 맡기라고 명령했고, 세 여신은 파리스에게 한 가지씩 보상을 약속해요. 헤라는 왕의 자리와 평생 써도 모자랄 만큼의 재산을, 아테나는 전쟁에서 승리하는 영웅의 자리와 명예를, 아프로디테는 세상에서 가장 아름다운 미녀를 보상으로 제안합니다. 고민 끝에 파리스는 아프로디테에게 황금 사과를 바치게 되고, 아프로디테가 가장 아름다운 여신이라는 영광을 얻었답니다.

루브르박물관 밀로의 비너스 상. 비너스는 아프로디테의 로마식 이름이다.

4월, April

꽃이 활짝 피는 1년 중 가장 아름다운 시기인 4월은 아프로디테의 이름에서 따와 April이라고 지었다고 합니다. 지금도 튀르키예의 키프로스(사이프러스)섬에 가면 가장 오래된 아프로디테의 신전의 유적으로 남아있다.

올림포스의 신 2세대 ⑥

대장장이의 신
ㅎㅍㅇㅅㅌㅅ

① 허파오스토스   ② 헤파이스토스   ③ 호패이스토스

#기술_대장장이_금속_불의신 #제우스_헤라의_맏아들 #아내는_아프로디테
#손재주_최고 #절름발이_신

대장장이의 신 헤파이스토스

못생겨도 손재주는 최고!

　사랑에 빠진 여러 남자 신들이 아프로디테에게 청혼했는데 과연 누구랑 결혼했을까요? 바로 가장 못생긴 절름발이 신 헤파이스토스에요. 세상에서 가장 아름다운 아프로디테는 어쩌다가 가장 못생겼다는 헤파이스토스와 결혼하게 되었을까요? 헤파이스토스는 제우스와 헤라의 아들이에요. 최고 신들의 아들로 태어났지만 너무나도 못생긴 나머지 어머니인 헤라에게 버림받아요. 올림포스산에서 버려진 헤파이스토스는 바다에 떨어졌는데 바다의 여신 테티스와 에우리노메가 발견하였고, 마음씨 착한 두 여신이 키워주었어요. 헤파이스토스는 두 여신의 보살핌 아래 다양한 기술을 배우며 성장했어요. 그리고 헤파이스토스의 숨겨진 재능이 드러나기 시작해요. 그의 재능은 바로 무슨 물건이든지 한번 보면 뚝딱 똑같이 만들어내고, 심지어 원래 물건보다 더 멋지고 뛰어나게 만들어내는 최고의 손재주였어요. 금, 은, 철 등 모든 금속을 완벽하게 다루고 심지어는 절대 끊어지지 않는 그물, 가장 강한 검과 방패 등을 만들어내요.
　그러나 아무리 열심히 일을 해도 어릴 적 어머니 헤라에게 버림

받은 상처는 지워지지 않았어요. 어머니 헤라에게 어떻게 복수할까 고민하던 헤파이스토스는 세상에서 가장 멋진 황금 옥좌를 만들었어요. 그리고 올림포스에 선물로 보냈죠. 아름다운 황금빛으로 올림포스산을 빛내는 옥좌를 본 헤라는 보자마자 자신의 것이라 주장하며 황금 옥좌에 앉았어요. 의자에 앉는 순간 숨겨져 있던 사슬이 튀어 올라 헤라를 꽁꽁 감싸버렸고, 사슬을 풀려고 온 힘을 다 써봤지만 신들의 힘으로도 그 사슬을 끊을 수가 없었어요. 결국 헤파이스토스를 불러 사슬을 풀어달라고 했지만, 헤파이스토스는 당연히 거절했어요. 그럼에도 신들이 계속 풀어달라고 간절히 요청하자 한 가지 조건을 내걸었는데 바로 가장 아름다운 여신 아프로디테와 결혼하게 해달라는 것이었죠. 헤라는 어쩔 수 없이 요청을 수락하였고, 이렇게 해서 가장 못생긴 신 헤파이스토스와 가장 아름다운 여신 아프로디테가 부부가 되었답니다.

기술·대장장이·장인·공예가·조각가·금속·야금·불의 신. 로마 신화의 이름은 불카누스.

올림포스의 신 2세대 ⑦

전령의 신
ㅎ ㄹ ㅁ ㅅ

① 헤르메스   ② 호르메스   ③ 해로막스

#여행자_목동_체육_발명_도둑_거짓말쟁이_신 #신의_전령 #지팡이 #신발

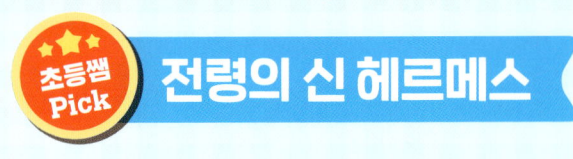

훔칠 거면 소 50마리 정도는 훔쳐야지

헤르메스는 소식을 전하는 전령의 신이자, 도둑들의 신이에요. 헤르메스의 조각상이나 그림을 보면 날개 달린 모자를 쓰고 한 손에는 뱀 두 마리가 있는 지팡이를 들고 날개 달린 신발을 신고 있어요. 날개 달린 신발은 누구보다 빠르고 유연하게 날 수 있게 도와주는 마법 신발이죠. 이런 특징들에서 알 수 있듯이 헤르메스는 신들이 사는 하늘과 인간이 사는 땅, 그리고 죽은 자가 가는 저승까지 자유롭게 오갈 수 있는 신이랍니다. 하늘과 땅, 저승까지 왔다 갔다 하며 여러 소식을 전해주는 헤르메스가 전령의 신인 것은 이해되는데, 도대체 왜 그를 도둑의 신이라고 부르는 걸까요? 헤르메스는 제우스의 아들답게 동굴에서 태어나자마자 반나절 만에 어른이 돼요. 태어나서 처음 주변을 산책하던 헤르메스는 아폴론이 키우던 소 떼를 발견하고 멋진 소들이 갖고 싶어져서 훔치기로 결심합니다. 그런데 그냥 소를 끌고 가면 발자국이 남아 바로 들키겠죠? 똑똑한 헤르메스는 주변에 있는 나무들을 이용해 나뭇잎과 나무껍질을 소 발굽에 묶고 소의 꼬리에는 나뭇가지로 만든 빗자루를 달아 소가 걸으며 꼬리에 달린 빗자루로 스스로 발자국을 지우게 만들었어요. 그렇게 해서 훔친 50마리의 소 떼를 숲속에 숨겨두고, 두 마리는 신에게 바칩니다. 한 마리는 자신을 태어나게 해준 최고 신 제우스에게 바치고 다른 한 마리는 자기 자신에게 바쳐요. 그렇게 두 마리를 잡아먹고 쉬는데, 거북이가 지나가고 있었어요. 거북이가 신기했던 헤르메스는 거북이를 잡아 등껍질을 벗기고 줄을 달아 '리라'라는 악기를 만들어요. 그때 범인을 알게 된 아폴론은 헤르메스에게 찾아와 소를 내놓으라고 소리쳤어요. 하지만 헤르메스는 뻔뻔하게 자기는 모르는 일이라고 잡아떼며 리라를 연주하는데, 음악의 신인 아폴론은 처음 보는 악기에 푹 빠지게 되고, 리라를 주면 용서해 주겠다고 해요. 결국 헤르메스는 아폴론이 가지고 있는 지팡이와 리라를 교환하고 화해합니다. 태어나자마자 소 50마리를 훔치고 지팡이까지 받아낸 헤르메스, 도둑의 신이라고 불릴 만하죠?

여행자·목동·체육·웅변·도량형·발명·상업·도둑과 거짓말쟁이의 교활함을 주관하는 헤르메스 신.

올림포스의 신 2세대 ⑧

포도주와 부활의 신
ㄷㅇㄴㅅㅅ

① 다우니소스   ② 디오니소스   ③ 도우니소스

#포도주_풍요_다산_연극의_신 #죽음과_재생 #아내는_마리마드네

포도주와 부활의 신 디오니소스

나랑 포도주 한잔할래요?

　포도주와 부활의 신 디오니소스의 그림과 조각상에는 항상 술잔과 포도, 그리고 머리를 왕관처럼 휘감고 있는 포도 덩굴이 있어요. 디오니소스는 올림포스 열두 신 중 유일하게 인간의 피가 섞인 신이에요. 어떻게 인간 어머니에게서 태어난 디오니소스가 올림포스 신이 되었을까요? 최고의 바람둥이 신 제우스는 하늘 위에서 세상을 둘러보다 또 아름다운 여자를 발견하고 마는데 바로 테베의 공주 세멜레였어요. 세멜레에게 한눈에 반해버린 제우스는 세멜레의 방에 몰래 들어갔고, 자신이 제우스라고 밝히며 세멜레를 유혹했어요. 결국 둘은 서로에게 푹 빠져 사랑을 나누고 세멜레는 제우스의 아이를 배게 되었답니다. 한편 시도 때도 없이 바람을 피우는 제우스 때문에 화가 난 헤라는 제우스가 세멜레라는 인간 여자와 바람을 피웠다는 사실을 알게 되었고, 잔인한 복수를 하기로 마음먹었어요. 헤라는 제우스 몰래 세멜레의 유모로 변신하여 세멜레를 찾아가서 이렇게 말했어요. "세멜레 님, 그런데 지금 사랑하는 분이 정말 하늘의 신 제우스 님이 맞나요? 정말 제우스가 맞는지 알고 싶다면 인간 모습이 아니라 번개를 들고 갑옷을 입은 신의 모습을 보여달라고 해보세요." 헤라의 말에 속아 넘어간 세멜레는 제우스에게 자신을 정말로 사랑한다면 소원 하나를 들어달라고 얘기해요. 제우스는 세멜레의 소원이 무엇이든 들어주겠다며 스틱스강에 맹세하죠. 세멜레는 번개 창을 들고 갑옷을 입은 신의 모습을 보여달라고 얘기하고, 스틱스강에 맹세한 것은 신도 어길 수 없었기 때문에 제우스는 신의 모습으로 세멜레를 찾아와요. 번개와 하늘의 신인 제우스의 빛나는 모습을 본 세멜레는 뜨거운 열기와 번개의 힘에 불타 죽게 되죠. 제우스는 슬퍼하며 세멜레의 아이를 뱃속에서 꺼내서 자기 허벅지에 넣어요. 아이는 불에 타 죽었지만, 최고 신의 몸속에서 넘치는 생명력을 받아 다시 회복하고 태어나요. 이 아기가 바로 디오(두 번) - 니소스(태어나다)입니다. 헤라는 제우스가 바람피워 낳은 디오니소스를 싫어했고, 제우스는 어쩔 수 없이 디오니소스를 니사산의 요정들에게 맡겼어요. 디오니소스는 니사산에서 자라며, 포도주 만드는 법을 배우게 되고 포도주의 신이 되었답니다.

포도주와 풍요, 포도나무, 광기, 다산, 황홀경,
연극의 신 디오니소스, 로마 신화의 바쿠스.

3장 그리스 신화의 영웅들

영웅의 대명사
ㅎ ㄹ ㅋ ㄹ ㅅ

① 헤라클레스　② 헬리크리섬　③ 헤로쿠로스

#영웅 #제우스의_아들 #헤라의_젖 #열두_과업 #네메아_사자
#히드라 # 헤라에게_영광을

영웅의 대명사 헤라클레스

열두 과업을 넘고 신이 된 영웅

그리스 로마 신화에 나오는 인간 영웅 중 가장 강한 최고의 영웅은 누구일까요? 맞아요. 바로 헤라클레스예요. 헤라클레스는 최고 신 제우스와 미케네의 공주 알크메네의 아들로, 태어날 때부터 영웅의 운명을 타고났어요. 제우스는 거인족 기간테스와 전쟁을 치르던 중 승부가 나지 않자 고민에 빠지게 되는데 이때 예언의 여신이 한 가지를 예언합니다. '위대한 인간 영웅이 이 전쟁을 승리로 이끌 것이다.' 이 예언의 주인공이 바로 헤라클레스입니다. 제우스는 자기 피를 물려받은 헤라클레스를 신들처럼 죽지 않는 불사의 몸으로 만들기 위해 신의 젖을 먹이기로 해요. 최고 여신인 헤라가 잠들자 몰래 아기인 헤라클레스를 데려와 젖을 물렸죠. 그런데 헤라클레스의 젖을 빠는 힘이 얼마나 셌던지 헤라가 깨어났고, 깜짝 놀란 헤라는 아기를 뿌리쳐요. 이때 흘러나온 모유가 밤하늘에 뿌려져 뿌옇게 빛나는 은하수(Milky Way : 우윳빛 길)가 되었답니다. 헤라는 바람피우는 것도 모자라 자기 젖까지 훔치는 제우스와 아기에게 분노가 폭발해버리고, 제우스는 쩔쩔매며 화가 난 헤라를 달래기 위해 아기의 이름을 '헤라에게 영광을'이라는 뜻의 그리스어 헤라클레스로 지었죠. 하지만 헤라 여신의 분노는 풀리지 않았고, 헤라클레스를 괴롭히며 수많은 시련을 겪게 해요. 헤라클레스가 태어난 지 8개월쯤 되었을 때 아기인 헤라클레스를 죽이기 위해 치명적인 독을 가진 뱀 두 마리를 아기 방에 집어넣었어요. 하지만 헤라클레스는 방긋 웃으며 뱀을 잡았고, 뱀들은 강한 힘에 목이 졸려 죽어버려요. 그 뒤로 씩씩하게 자라 어른이 된 헤라클레스는 결혼하여 자식들을 낳고 행복하게 사는데 이 모습을 보고 화가 난 헤라는 헤라클레스를 미치게 만들어요. 정신이 나간 상태로 가족들을 죽인 헤라클레스는 죄를 용서받기 위해 헤라가 내준 열두 개의 과업을 치르게 되죠. 화살도 튕겨내는 네메아의 사자를 죽이고, 그 가죽을 입고 다녀요. 또 머리가 아홉 개 달린 괴물 히드라를 죽이는 등 열두 개의 불가능한 시련을 이겨내며 영웅이 됩니다. 마지막에는 스스로를 불태워 신들의 세계로 가고 예언처럼 올림포스 신들을 도와 기간테스를 모두 물리치고 승리하며 헤라와 화해하고 신으로 모셔지게 되었답니다.

그리스 신화에서 가장 힘이 세고 유명한 영웅 헤라클라레스. 헤라 여신에게 괴롭힘을 당하지만 그의 이름을 '헤라에게 영광을'이라는 의미이다.

그리스 신화의 영웅들 ②

트로이 영웅
ㅇㄷㅅㅇㅅ

① 우디세우스　② 아도세우스　③ 오디세우스

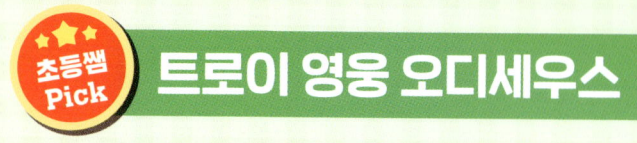

목마로 트로이를 점령한 지혜의 영웅

　세이렌과 포세이돈 이야기에 등장하는 오디세우스를 기억하나요? 오디세우스는 트로이 전쟁의 영웅으로 꾀가 많고 지혜롭기로 유명하죠. 지혜로운 영웅답게 힘은 세지만 무식하게 전투를 하지 않고, 치밀한 계획으로 적을 속이고 승리하는 전투를 즐겼어요. 이런 모습을 본 아테나 여신은 오디세우스의 지혜로운 전투를 마음에 들어 하며 예뻐하고 아꼈다고 해요. 오디세우스가 크게 활약한 전쟁은 바로 트로이 전쟁이에요. 트로이의 왕자 파리스가 스파르타의 왕비 헬레네를 납치해 갔고, 헬레네를 되찾기 위해 결국 그리스 연합군과 트로이 연합군 사이에 전쟁이 일어나죠. 그리스에는 수많은 영웅이 있었지만, 튼튼하고 높기로 유명한 트로이의 성벽과 강력한 군사들 때문에 전쟁은 무려 10년 동안이나 계속돼요. 기나긴 전쟁에 지쳐가던 그리스군은 집으로 돌아가고 싶어 했는데, 이때 오디세우스가 꾀를 냅니다. 먼저 트로이에 스파이를 심어 '목마를 가지는 자가 승리할 것이다.'라는 예언이 있다는 소문을 퍼뜨리고, 그리스군은 성문보다도 더 큰 목마를 만들어 그 안에 오디세우스와 정예병 30명을 숨겨 집으로 가는 척 모두 배를 타고 떠나가요. 오랜 전쟁 끝에 드디어 승리했다고 생각한 트로이 연합군은 기쁜 마음으로 목마를 끌고오죠. 하지만 목마가 너무 컸던 나머지 성문을 허물 수밖에 없었던 거예요. 그리스군이 먼바다로 떠났기에 안심하고 문을 부순 뒤 목마를 성안으로 들여왔고, 승리를 기념하는 축제를 열었어요. 축제하며 술을 마시고 모든 사람이 잠든 새벽에 살금살금 목마 밖으로 빠져나와 성문을 완전히 부숴버리고, 먼바다로 떠나는 척하고 재빨리 돌아온 그리스군과 함께 트로이 성을 함락시켰어요. 수만 명이 10년 넘게 싸우던 길고 긴 트로이 전쟁을 거대한 목마라는 아이디어로 한순간에 승리로 이끈 지혜의 영웅이죠.

☆ 호메로스의 <일리아드>와 <오디세이>

기원전 8세기경에 호메로스(Homeros)가 지은 것으로 알려진 <일리아드>와 <오디세이>는 기원전 13세기경의 그리스를 배경으로 한 이야기 시이다. <일리아드>는 트로이 전쟁 중에 있었던 일을, <오디세이>는 그 후의 사건들을 각각 다룬다. 앞의 작품에서 중심 인물은 아킬레우스이고, 뒤의 작품 주인공은 오디세우스다.

오디세우스는 전쟁을 끝내고 귀향하는 길에 여러 바다를 떠돌며 온갖 기이한 일들을 겪은 것으로 유명하다.

그리스 신화의 영웅들 ③

황금 양털의 영웅
ㅇㅇㅅ

① 아이손   ② 이아손   ③ 오이손

#영웅 #아르고호_원정대 #황금_양털 #이아손의_배신_마녀_메데이아의_복수

영웅도 잔인한 여자는 이기지 못했다

　영웅 이아손은 이올코스의 왕자예요. 하지만 숙부 펠리아스가 아버지를 배신하고 왕위를 빼앗자 살기 위해 도망쳐야 했어요. 간신히 살아남은 이아손은 켄타우로스족의 영웅 케이론의 제자가 되어 힘을 길렀어요. 세월이 흘러 어른이 된 뒤 아버지의 나라를 되찾기 위해 이올코스로 돌아가요. 이올코스를 다스리던 펠리아스는 이아손이 왕위를 돌려달라며 찾아오자 불가능한 임무를 내려요. "네가 만약 황금 양털을 가져온다면 이올코스를 돌려주도록 하겠다." 용감한 전사였던 이아손은 숙부의 제안을 받아들이고, 자신을 도울 영웅들을 모집해요. 이아손을 돕기 위해 헤라클레스, 오르페우스, 카스토르 등 50여 명의 그리스의 영웅들이 모이고, 이들과 함께 아르고호라는 커다란 배를 타고 황금 양털이 있다는 머나먼 땅 코르키스로 모험을 떠나요. 수많은 시련을 헤치며 간신히 코르키스에 도착한 이아손은 코르키스의 왕에게 황금 양털을 받을 방법을 물어봤어요. 나라의 보물인 황금 양털을 주기 싫었던 코르키스의 왕 아이에테스는 불을 뿜는 청동 소를 길들여 밭을 갈고, 거기에 용의 이빨을 뿌리라는 임무를 내려줘요. 이때 이아손을 본 코르키스의 공주 메데이아는 그에게 첫눈에 반해 버려요. 강력한 주술사였던 메데이아는 이아손에게 자기와 결혼하면 황금 양털을 얻게 해주겠다고 약속해요. 이아손은 아름다운 메데이아의 제안을 수락하고, 불을 막는 마법의 부적을 받아 임무를 완수하지만, 아이에테스는 황금 양털을 순순히 주지 않고 잠들지 않는 용이 지키고 있으니 직접 가져가라고 얘기하죠. 이번에도 메데이아는 마법의 물약을 만들어 용을 잠재우고 이아손과 함께 황금 양털을 가지고 코르키스를 탈출해요. 고난 끝에 이올코스에 돌아온 이아손은 숙부인 펠리아스에게 황금 양털을 보여주며 왕위를 요구하지만 거절당해요. 메데이아는 남편의 복수를 하기 위해 마술로 펠리아스를 속여 끓는 냄비에 빠뜨려 죽여요. 이 사실이 드러나자, 메데이아와 이아손은 이올코스에서 쫓겨나고, 메데이아의 잔인함을 알게 된 이아손은 다른 공주와 결혼하려 해요. 남편에게 배신당한 메데이아는 공주의 옷에 마법 물약을 뿌려 불에 타 죽게 했고, 상심한 이아손도 얼마 못 가 죽었답니다.

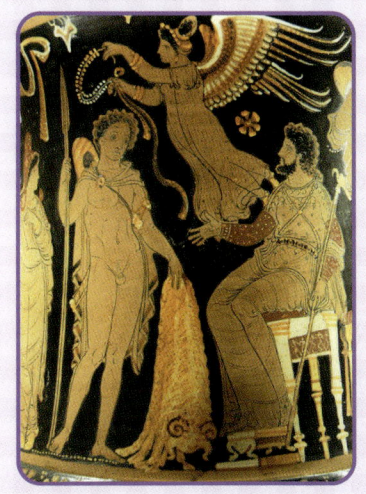

황금 양털을 펠리아스에게 건네는 이아손. 승리의 여신 니케가 월계관을 씌어주고 있다.

그리스 신화의 영웅들 ④

그리스 연합군의 영웅
ㄷㅇㅁㄷㅅ

① 디오메데스　② 디오무드스　③ 디오막두스

#일리아드_영웅 #아테나_도움 #트로이_전쟁 #아르고스_왕 #신과_싸운_자

그리스 연합군의 영웅 디오메데스

아테나의 수호를 받으며 신들과 싸워 이긴 영웅

　디오메데스는 아르고스의 왕으로 오디세우스, 아킬레우스와 함께 트로이 전쟁에서 큰 활약을 한 그리스 연합군의 영웅이에요. 디오메데스는 오디세우스처럼 전쟁 중에 아테나 여신의 축복을 많이 받았어요. 아프로디테의 아들이자 트로이의 영웅인 아이네이아스와의 전투가 유명한데요. 아이네이아스는 디오메데스가 잘 싸우자, 트로이 전사 중 활을 잘 쏘기로 유명한 판다로스를 불러 디오메데스를 쏘게 해요. 디오메데스는 갑자기 날아온 강력한 화살에 맞아 어깨를 다치지만, 맨손으로 화살을 뽑고 아테나 여신에게 힘을 달라고 기도해요. 아테나 여신은 디오메데스에게 축복을 내려 강한 힘을 주고, 신을 볼 수 있는 눈을 뜨게 해줘요. 그리고 한 가지 부탁을 해요. '신과는 싸우지 말거라. 다만 아프로디테가 나온다면 창으로 찔러 혼내주어라.' 축복을 받은 디오메데스는 솟구치는 힘을 느끼며 다친 어깨로도 트로이 병사들을 모조리 무찔렀어요. 화살이 통하지 않자 아이네이아스는 판다로스와 함께 전차를 타고 디오메데스를 공격하러 돌진해요. 거리가 가까워지자 판다로스는 달리는 전차의 속도를 이용해 엄청나게 빠른 속도로 디오메데스에게 창을 던져요. 하지만 미리 대비하고 있던 디오메데스는 방패로 창을 막아내고 바로 반격해서 판다로스를 죽여요. 디오메데스는 혼자 남은 아이네이아스를 향해 커다란 바위를 던지고, 아이네아스는 바위에 맞아 다리가 부러져 기절해요. 디오메데스가 아이네이아스를 죽이려 하자 아프로디테는 자기 아들을 보호하기 위해 나타나요. 디오메데스는 아테나 여신의 부탁을 기억하고 창으로 아프로디테의 손을 찔렀어요. 보다 못한 아폴론이 아이네이아스를 구출해 가고, 이후 아프로디테의 연인 아레스가 디오메데스에게 복수하러 오자 아테나는 다시 한번 디오메데스를 도와 아레스에게 상처를 입히죠. 아테나와 함께 두 신을 상대로 상처를 입힌 영웅 디오메데스 대단하지 않나요?

그리스 신화에 나오는 영웅으로 아르고스의 왕이다. 호메로스가 쓴 <일리아스>에서 오디세우스와 함께 등장하는 것으로 유명하다.

그리스 신화의 영웅들 ⑤

그리스 연합군 총사령관
ㅇ ㄱ ㅁ ㄴ

① 아가멤논 ② 아가메논 ③ 에구머니

#메넬라오스와_형제 #그리스_연합군 #동생_아내_되찾기 #트로이_전쟁
#아트레우스_왕_아들 #아킬레우스_불화

그리스 연합군 총사령관 아가멤논

동생의 원수는 나의 원수!

아가멤논은 미케네의 왕이자, 트로이 전쟁에서 그리스 연합군을 이끌었던 총사령관이에요. 트로이 전쟁은 그리스와 트로이의 모든 영웅이 모여 무려 10년 동안이나 진행되었는데요. 이 기나긴 전쟁은 도대체 어떻게 시작되었을까요? 시작은 아프로디테와 황금 사과 이야기로 거슬러 올라가요. 가장 아름다운 여신인 아프로디테에게 황금 사과를 바치고 세계 최고의 미녀와 결혼을 약속받은 파리스는 아프로디테의 안내에 따라 스파르타로 가요. 그곳에서 아름답기로 유명한 헬레네를 만나죠. 헬레네는 이미 스파르타의 왕 메넬라오스의 아내였지만 아프로디테가 큐피드를 시켜 사랑의 화살을 쏘아 파리스와 사랑에 빠져요. 사랑에 빠진 둘은 파리스의 고향인 트로이로 도망치고, 메넬라오스는 아내를 되찾기 위해 그리스 지역의 영웅들에게 도움을 요청해요. 메넬라오스의 형이었던 아가멤논은 주변 나라의 영웅들을 설득해 그리스 연합군을 모집했고, 헬레네를 되찾기 위해 트로이로 출발해요. 트로이로 출발한 군함은 무려 100척이 넘었다고 해요. 트로이 바닷가에 도착한 그리스 연합군은 진지를 만들고 트로이 성을 부수기 위해 용감하게 싸웠죠. 아가멤논이 이끄는 그리스 연합군에는 아킬레우스, 오디세우스, 디오메데스 등 뛰어난 영웅들이 많았기 때문에 많은 전투에서 승리했어요. 그리고 트로이에서 아름다운 여자 둘을 납치하는데 바로 크리세이스와 브리세이스였어요. 크리세이스는 총 지휘관인 아가멤논에게, 브리세이스는 최고의 활약을 펼친 아킬레우스에게 상으로 주었죠. 그 사실을 알고 크리세이스의 아버지가 찾아와 딸을 돌려달라고 요청했지만, 아가멤논은 그를 무시하며 내쫓았어요. 크리세이스의 아버지는 억울한 나머지 아폴론 신전에 찾아가 딸을 돌려달라고 간절히 기도했고, 기도를 들은 아폴론은 그리스군에 전염병을 돌게 했어요. 결국 아가멤논은 크리세이스를 돌려주고, 아킬레우스에게 찾아가 자신이 전리품으로 얻은 크리세이스가 없어졌으니 브리세이스를 가지겠다고 선언해요. 화가 난 아킬레우스는 전쟁에 참여하지 않았죠. 그리스 연합군의 가장 강한 영웅이 빠지자 사기가 뚝 떨어져 계속 패배하고 말아요. 아가멤논은 그제야 자기 잘못을 깨닫고 사과하지만 아킬레우스는 받아주지 않았고, 친구 파트로클로스가 죽자 복수하기 위해 다시 전쟁에 참여하게 됩니다. 아가멤논은 브리세이스를 돌려주며 아킬레우스와 전투를 지휘했고, 마지막엔 오디세우스의 작전을 받아들여 트로이 목마를 만들어 결국 전쟁에서 승리했답니다.

그리스 신화의 영웅들 ⑥

무적의 영웅
ㅇㅋㄹㅇㅅ

① 아킬레우스　② 오킬레우스　③ 에킬레우스

#천하무적 #발뒤꿈치 #트로이_전쟁 #약점 #아가멤논과_다투고
#전쟁_불참 #절친_사망 #다시_전쟁

그의 치명적 단점, 아킬레스건

　트로이 전쟁이 일어났을 때 그리스의 예언자 칼카스는 한 가지 예언을 해요. "아킬레우스가 있어야만 트로이 전쟁에서 승리할 수 있을 것이다." 아킬레우스는 바다의 여신 테티스의 아들로 아기일 때 어머니가 스틱스강에 담가서 발뒤꿈치만 빼면 무적의 몸을 가지고 있었어요. 전쟁에 참여하게 된 아킬레우스는 무적의 신체와 강한 힘을 바탕으로 트로이군을 휩쓸어버렸어요. 막상막하로 싸우다가도 아킬레우스가 나서기 시작하면 트로이군은 성문 안으로 도망치기에 바빴죠. 그러나 그리스 연합군의 대장 아가멤논과 다툰 후 아킬레우스는 전쟁에 참여하지 않았고, 결국 트로이군에게 밀려 해변까지 쫓겨났어요. 트로이군이 배를 공격하는 지경에 이르자 아킬레우스의 친구 파트로클로스가 "내가 아킬레우스인 척하면 트로이군이 놀라 도망칠 거야. 전쟁에 참여하지 않을 거라면 너의 갑옷과 방패를 빌려다오."라고 말했고, 아킬레우스는 친구의 부탁을 들어주었어요. 아킬레우스의 갑옷을 입은 파트로클로스가 나서자, 트로이군은 정신없이 도망치기 시작했어요. 파트로클로스는 트로이군을 추격하며 큰 활약을 펼쳤지만, 트로이의 왕자이자 영웅 헥토르에게 죽고 말았어요. 아킬레우스는 파트로클로스의 죽음에 슬퍼하며, 복수하기 위해 대장장이 신 헤파이스토스에게 더 튼튼하고 강한 갑옷과 방패를 받아요. 아킬레우스는 새 갑옷을 입고 나가 앞을 가로막는 모든 적을 물리치며 파트로클로스를 죽인 헥토르를 쫓아가요. 헥토르는 결국 아킬레우스의 창에 죽고 말았어요. 승리한 아킬레우스는 자신의 전차에 헥토르의 시체를 매달고 파트로클로스의 무덤에 찾아가 명복을 빌어 주었습니다. 트로이의 대영웅 헥토르가 죽자 아킬레우스를 막을 사람은 아무도 없었어요. 트로이군은 성벽 밖으로 나오지 못하고 곧 패배할 것 같았죠. 트로이 편에 섰던 아폴론은 아킬레우스에게 물러나라고 말해요. 아킬레우스가 거부하자 아폴론의 축복을 받은 트로이의 왕자 파리스가 성벽 위에서 화살을 쏴요. 궁술의 신 아폴론의 힘이 담긴 화살이 아킬레우스의 유일한 약점 발뒤꿈치를 정확히 꿰뚫어 무적 같던 아킬레우스도 죽고 말았답니다.

발뒤꿈치를 잡고 스틱스강에 담갔기 때문에 발뒤꿈치가 치명적인 약점이 된 아킬레우스.

그리스 신화의 영웅들 7

ㅋㅅㅌㄹ와
ㅍㄹㅅ

① 카스토르 ② 카스테라 ③ 캐스팅릴
① 팰리스   ② 폴리스   ③ 폴룩스

#쌍둥이지만_동생이_신성 #쌍둥이별
#알에서_탄생 #동생_자리_별이_더_빛남

쌍둥이자리가 된 카스토르와 폴룩스

　오늘도 바람둥이 제우스는 백조로 변신한 뒤 스파르타의 왕비 레다와 바람을 피워요. 그 후 레다는 두 알을 낳게 되는데 알에서 각각 남녀 쌍둥이들이 태어났어요. 그중 남자 쌍둥이인 카스토르와 폴룩스가 바로 오늘의 주인공이에요. 형 카스토르는 말타기에 재능을 보여 승마의 신이라고 불렸고, 동생 폴룩스는 무쇠 같은 두 주먹으로 권투 경기에서 우승한 챔피언이었어요. 둘은 우애가 좋아 함께 훈련하며 힘을 갈고 닦아 강한 영웅으로 성장했어요. 두 형제는 그리스 로마 지역의 뛰어난 영웅들이 모인 아르고 원정대에 참가했는데, 이때 카스토르와 폴룩스는 뛰어난 항해술로 원정에 도움을 주어 항해의 수호신으로 칭송받았죠. 하루는 원정대가 베브리케스 지역을 지나고 있는데 난폭한 왕 아미코스가 길을 막고 외쳤어요. "이 길을 지나고 싶다면 가장 강한 사람이 나와 권투 시합을 해서 이겨라. 단, 지면 죽을 것이다!" 원정대 대표로 권투 최강자인 폴룩스가 용감하게 나섰어요. 아미코스는 빠르고 강한 주먹으로 폴룩스를 공격했지만, 폴룩스의 강철 같은 몸과 단단한 주먹을 이길 수는 없었어요. 결국 폴룩스의 주먹 한 방에 아미코스는 패배하고 말았어요. 아미코스 왕이 쓰러지자, 베브리케스의 군대가 아르고 원정대를 공격했어요. 폴룩스와 카스토르는 다른 영웅들과 힘을 합쳐 이들을 무찌르며 큰 활약을 펼쳤어요. 아르고 원정을 성공적으로 마치고 고향에 돌아온 카스토르와 폴룩스는 사촌들과 소 떼 때문에 시비가 붙어 싸우게 됐어요. 이 싸움에서 형 카스토르는 창에 찔려 죽고 말았죠. 분노한 폴룩스는 다른 형제를 죽이고, 위험에 빠진 순간 하늘에서 지켜보던 제우스가 쳐서 번개를 쳐서 아들 폴룩스를 구하죠. 그리고 그에게 올림포스로 데려가 영원히 살게 해주겠다고 해요. 하지만 형의 죽음 때문에 깊은 슬픔에 빠진 폴룩스는 아버지 제우스에게 자기의 영원한 생명을 포기할 테니 형 카스토르를 살려달라고 부탁하죠. 이미 죽은 카스토르를 살릴 수 없었던 제우스는 두 형제의 우애에 감동해서 하늘의 별로 올려주고, 그들은 쌍둥이자리가 되었어요.

쌍둥이자리는 겨울 별자리 중 가장 동쪽에 뜨는 별자리이다. 형 카스트로보다 동생 폴룩스 자리가 더 밝게 빛난다.

그리스 신화의 영웅들 ⑧

미로의
ㅌㅅㅇㅅ

① 테세우스   ② 타수용신   ③ 탄산와사

#미로 #실타래 #헤라클레스만큼_영웅 #미노타우로스
#아네테_왕 #아버지는_아이게우스

미노타우로스의 미로를 벗어나다

　테세우스는 그리스 신화에서 헤라클레스에 비견되는 아테네 최고의 영웅이에요. 아테네 왕 아이게우스의 아들이지만 트로이젠의 공주 아이트라가 혼자 테세우스를 키웠어요. 아버지 아이게우스는 임신한 아이트라를 남겨두고 아테네로 돌아가면서 커다란 바위를 들어 그 아래 자기 검을 숨겼어요. 그리고 자식이 자라 이 바위를 들 수 있게 되면 검을 가지고 자기를 찾아오라고 말한 뒤 떠났죠. 테세우스가 열여섯 살이 되자 커다란 바위를 번쩍 들어 검을 찾고 아버지를 찾아 아테네로 떠나죠. 테세우스는 가는 동안 사람들을 괴롭히는 여러 괴물과 흉악한 악당들을 물리치며 영웅이 되어 아테네에 도착해요. 드디어 아버지를 만났으나 아테네의 상황은 좋지 않았어요. 그 이유는 바로 강대국이었던 크레타에 젊은 남녀를 공물로 바쳐야 하기 때문이었죠. 크레타에는 왕비가 포세이돈의 저주를 받아 낳은 황소 머리에 인간의 몸을 한 미노타우로스라는 괴물이 있었는데, 왕비는 그 괴물을 죽이지 않고 거대한 미로를 만들어 가두어버렸어요. 그러고는 여러 나라에서 바쳐진 젊은이들을 미노타우로스의 먹이로 주었어요. 테세우스는 이

문제를 해결하겠다며 크레타로 배를 타고 떠나요. 아버지인 아이게우스는 아들을 걱정하며 성공하면 흰 돛을, 실패하면 검은 돛을 달고 오라고 이야기했죠. 크레타에 도착한 테세우스는 미로에 들어가기 전 크레타의 공주 아리아드네의 도움을 받아 실뭉치를 들고 조금씩 풀면서 들어가요. 미로 깊숙한 곳에서 미노타우로스를 만난 테세우스는 자신 있게 돌진하는 미노타우로스를 강철 같은 주먹으로 때려잡았어요. 그리고 풀어놨던 실을 따라 돌아가며 거대한 미로에서도 무사히 탈출했죠. 아테네로 돌아오던 테세우스는 바쁘게 탈출하느라 흰 돛을 올리는 것을 깜빡했어요. 아버지 아이게우스는 아들을 걱정하며 바다가 잘 보이는 절벽에 올라 배를 기다리다가 검은 돛을 보고 말았어요. 그리고 아들이 죽었다는 슬픔에 절벽에서 떨어지고 말죠. 돌아온 테세우스는 기쁜 소식을 전하려 아버지를 찾았지만, 이미 돌아가신 뒤였죠. 테세우스는 슬퍼하며 아버지의 장례를 치른 뒤, 훌륭한 왕이 되어 아테네를 강한 나라로 만들었답니다.

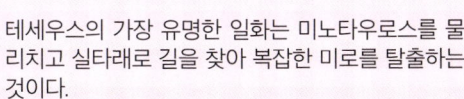

테세우스의 가장 유명한 일화는 미노타우로스를 물리치고 실타래로 길을 찾아 복잡한 미로를 탈출하는 것이다.

그리스 신화의 영웅들 ⑨

영웅의 아들
ㅌㄹㅁㅋㅅ

① 텔레마코스　② 텔레마케스　③ 텔레마키스

#아버지는_오디세우스 #어머니는_초미녀 #구혼자_몰림 #스승_멘토르
#어렵게_모인_가족

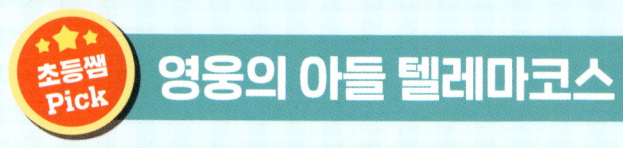

좋은 스승 밑에서 현명하게 성장하다

텔레마코스는 트로이 전쟁의 영웅 오디세우스와 미녀 페넬로페의 아들이에요. 오디세우스는 트로이 전쟁에 참여하면 20년 동안 집에 돌아오지 못한다는 예언을 듣고 전쟁에 참여하지 않으려고 당나귀로 쟁기를 끌고 소금을 뿌리며 미친 척하고 있었어요. 그러자 오디세우스를 데리러 온 사절단은 꾀를 내어 아기였던 텔레마코스를 쟁기 밑에 두었고, 오디세우스는 아들을 살리기 위해 멈출 수밖에 없었죠. 오디세우스는 전쟁터로 떠나며 자신의 친구 멘토르에게 자식의 교육을 부탁합니다. 아기였던 텔레마코스는 현명한 스승 멘토르의 지도 아래 지혜롭고 멋진 청년으로 자라요. 오디세우스가 20년 동안이나 돌아오지 않자, 그리스의 많은 남자들은 미녀인 페넬로페에게 청혼하죠. 텔레마코스는 어머니가 힘들어하는 모습을 보며 구혼자들을 쫓아내고 싶었지만 혼자서는 힘이 부족했어요. 멘토르는 아버지를 찾아 떠나라고 조언을 해주었고, 텔레마코스는 아버지를 찾아 스파르타와 필로스 왕국으로 떠났어요. 텔레마코스는 스파르타에서 아버지가 살아있다는 소식을 듣고 아테나 여신의 인도에 따라 돼지 농장을 방문했어요. 그

곳에서 아버지를 만나 감격의 재회를 하고 구혼자들을 물리칠 계획을 짜요. 페넬로페는 구혼자들에게 오디세우스의 활을 당겨 열두 개의 도끼머리를 맞히는 자와 결혼하겠다고 선언을 해요. 그러나 오디세우스의 활시위는 너무 강하고 굵어 아무도 당길 수가 없었죠. 다들 활쏘기에 집중한 틈을 타서 하인들은 구혼자들의 무기를 숨기고, 오디세우스는 거지로 변장해서 몰래 집으로 들어와요. 이윽고 오디세우스의 차례가 되자 강한 힘으로 한 번에 활쏘기에 성공하고, 다시 한번 활시위를 당겨 그동안 아내를 괴롭혔던 구혼자들을 쏴 죽여요. 텔레마코스와 오디세우스는 인원이 적었지만, 무기가 없는 다른 구혼자들을 손쉽게 물리칠 수 있었죠. 페넬로페는 20년 동안이나 기다려왔던 남편을 만나 감동하며 기쁨의 눈물을 흘리고, 세 가족은 다시 하나가 되어 행복하게 살았답니다.

오디세우스가 없는 틈을 타 페넬로페를 괴롭히던 못된 구혼자들을 죽이는 텔레마코스와 오디세우스.

105

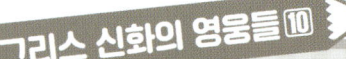

그리스 신화의 영웅들 ⑩

메두사를 물리친 영웅
프 ㄹ ㅅ ㅇ ㅅ

① 푸른사우스　② 페르세우스　③ 페로스옥스

#아버지는_제우스 #괴물_메두사 #신들의_무기 #메두사_머리 #아이기스_업그레이드

메두사를 물리친 영웅 페르세우스

신의 무기로 메두사를 물리치다!

　페르세우스는 아르고스의 공주 다나에와 제우스의 아들이에요. 아르고스의 왕 아크리시오스는 손자가 자기를 죽일 것이라는 예언을 듣고 딸인 다나에를 탑에 가둬버리죠. 하지만 제우스는 황금비로 변신해서 다나에와 사랑을 나누고, 페르세우스는 신과 인간의 아들로 태어나게 됩니다. 갑자기 손자가 생겨 깜짝 놀란 아크리시오스 왕은 제우스의 아들을 죽일 수는 없었기에 다나에와 페르세우스를 배에 태워 먼바다로 보내죠. 세리포스섬에 도착해서 성장한 페르세우스는 어머니 다나에와 결혼하려는 구혼자들을 물리칩니다. 세리포스의 왕 폴리덱테스는 다나에와 결혼하고 싶어서 페르세우스에게 세상의 끝에 사는 괴물 메두사를 처치하라는 명령을 내립니다. 메두사는 뱀으로 머리를 덮고 있고, 그 뱀의 눈을 마주치면 돌로 만들어버리는 괴물이었어요. 아테나 여신은 제우스의 아들인 페르세우스를 돕기 위해 신들의 무기를 빌려줘요. 아테나 여신의 방패 아이기스, 헤라의 주머니, 헤르메스의 하늘을 나는 신발, 하데스의 투명 모자인 퀴네에까지 네 가지 보물을 챙긴 페르세우스는 메두사를 찾아 나서죠. 페르세우스는 메두사의 위치를 알기 위해 먼저 그라이아이 세 자매를 찾아갑니다. 그라이아이 세 자매는 눈과 이가 없는 장님이었는데, 하나의 눈알과 이를 돌려가며 함께 사용했어요. 그들의 눈은 마법의 눈으로 세상의 모든 것을 볼 수 있었기에 메두사의 위치를 알 수 있었죠. 메두사를 발견한 페르세우스는 퀴네에를 써 자신의 모습을 숨기고 메두사의 눈을 보지 않기 위해 방패에 비친 메두사의 모습을 보며 조심스레 다가갔어요. 그리고 그녀가 잠든 사이 하늘을 나는 신발을 이용해 벼락같이 빠른 몸놀림으로 메두사의 목을 베고 머리를 헤라의 주머니에 담아요. 메두사를 물리친 페르세우스는 긴 항해 끝에 세리포스섬으로 돌아오고, 폴리덱테스 왕이 어머니 다나에를 괴롭혔다는 사실을 알게 돼요. 페르세우스는 당장 궁전으로 쳐들어가 폴리덱테스에게 메두사의 머리를 보여주고 그를 돌로 만들어버려요. 이후 아테나 여신의 도움에 감사하며 신전에 가서 신들의 보물을 돌려줘요. 이때 메두사의 머리도 바치는데 아테나 여신은 이 머리를 방패 아이기스에 장식으로 붙여, 아이기스는 더 강력한 방패가 되었답니다.

페르세우스는 다양한 괴물을 처치했다. 메두사를 죽이고, 바다 괴물이자 바다의 여신인 케토도 죽였다고 전해진다.

4장
괴물과 반인반수

괴물과 반인반수 ①

독사 머리카락을 가진
ㅁ ㄷ ㅅ

① 마동석   ② 메두사   ③ 메디슨

#독사 #돌 #포세이돈 #페가수스 #크리사오르 #페르세우스
#아테나의_저주

독사 머리카락을 가진 메두사

내 눈을 보면 모두 돌이 되어버리지!

　메두사는 바다의 신 포르키스와 케토가 낳은 딸로 고르곤 세 자매 중 막내딸이에요. 고르곤 세 자매 중 첫째와 둘째 언니는 태어날 때부터 머리카락은 뱀, 몸에는 용의 비늘, 등에는 날개가 달린 괴물이었어요. 심지어 신의 피를 이어받아 죽지 않는 불사의 존재였죠. 그런데 막내딸 메두사만은 예쁘고 윤기 있는 머리카락을 가진 인간이었어요. 그런데 아름다운 미녀였던 메두사는 어쩌다 괴물이 되어 페르세우스에게 죽게 되었을까요? 여기에는 안타까운 사연이 있어요. 어느 날 메두사의 아름다운 머릿결에 반한 포세이돈이 그녀에게 접근했어요. 멋진 도시 아테네를 두고 아테나 여신과 내기에서 진 포세이돈은 아테나에게 복수하기 위해 일부러 아테나 여신의 신전에 들어가 메두사와 사랑을 나눠요. 처녀 신인 자신의 신전에서 사랑을 나누는 것을 본 아테나는 머리끝까지 화가 났지만 차마 제우스의 형제인 포세이돈을 벌줄 수는 없었고, 결국 메두사에게 저주를 내리게 되죠. 아테나의 저주에 걸린 메두사의 고운 머리카락은 모두 사나운 독을 가진 독사로 변했고, 이빨은 육식동물처럼 날카롭게, 눈과 혀는 뱀처럼 변해버리고 말았어요. 아름다웠던 메두사의 얼굴은 너무나도 흉측하고 두렵게 변해버렸고, 그녀의 눈을 정면으로 쳐다보는 자는 모두 돌이 되어버리는 저주까지 생겼어요. 거울에 비친 자기 모습에 놀란 메두사는 서쪽 끝 땅에 있는 언니들을 찾아갔어요. 그리고 언니들과 함께 숨어지내며 함부로 다가오는 인간과 동물들을 돌로 만들었고, 사람들은 이들을 매우 두려워했어요. 그러나 인간으로 태어났던 메두사는 언니들과 다르게 불사의 몸이 아니었기 때문에 페르세우스에게 목이 잘려 죽고 말아요. 포세이돈의 자식을 임신 중이었던 메두사는 죽으면서 날개 달린 말 페가수스와 황금 검을 든 거인 크리사오르를 낳았어요. 메두사가 지른 비명에 깨어난 언니들은 범인을 찾아 복수하려 했지만, 페르세우스는 투명 모자 퀴네에를 쓰고, 방금 태어난 페가수스를 타고 도망쳐 버렸고, 메두사는 그렇게 비극적인 죽음을 맞이하게 됩니다.

메두사의 얼굴은 너무나 무시무시했고, 사람들은 그 얼굴을 보기만 해도 돌로 변해버렸다.

괴물과 반인반수 ②

끔찍한 독
ㅎ ㄷ ㄹ

① 히드라 ② 하더라 ③ 호도르

#9개_머리 #괴물_뱀 #독 #헤라클레스 #독화살 #게자리

끔찍한 독 히드라

끝없이 살아나는 아홉 머리의 뱀 히드라

히드라는 거대 괴물 티폰과 에키드나의 자식으로 머리가 아홉 개나 달린 괴물 뱀이에요. 아르고스에 있는 레르나라는 늪지대에 살았는데, 아홉 개의 머리에서 뿜어져 나오는 독은 살짝만 닿아도 온몸이 썩어들어가서 신들도 피할 정도로 끔찍하고 치명적이었어요. 이런 히드라를 물리치기 위해 그리스 로마 신화 최고의 영웅이 나섰는데 과연 누구일까요? 바로 세상에서 가장 강한 힘을 자랑하는 헤라클레스예요! 헤라클레스는 헤라가 내준 열두 가지 과업을 수행하기 위해 히드라와 싸우게 되죠. 히드라를 잡기 위해 첫 번째 과업에서 얻은 네메아의 사자 가죽을 코와 입에 둘러 독을 막고 히드라의 목을 거침없이 베어버렸어요. 그러나 불사의 몸을 가진 히드라의 잘린 목에서는 순식간에 다시 새로운 머리가 두 배로 자라났고, 특히 가운데 머리는 강철보다 더 단단한 비늘로 뒤덮여 잘리지 않았어요. 이대로는 싸움이 끝나지 않는다는 것을 알게 된 헤라클레스는 조카 이올라오스에게 도움을 청해요. 이올라오스는 멀리 떨어져 횃불을 들고 있다가 헤라클레스가 히드라의 목을 베면 잘린 목을 불로 지져 새로운 머리가 자라나지 못하게 했어요. 이렇게 조카의 도움으로 여덟 개의 머리를 처리하자 화가 난 헤라 여신은 늪지대에 살던 거대한 게를 보내 헤라클레스의 아킬레스건을 집게로 잘라버리라고 명령해요. 하지만 헤라클레스의 강철 같은 몸에는 흠집조차 나지 않았고, 게의 등딱지를 밟아 죽여버려요. 여덟 개의 머리를 모두 처리했지만, 마지막 가운데 머리만큼은 헤라클레스도 자를 수가 없었어요. 결국 헤라클레스는 깊은 구덩이를 파고는 히드라의 가운데 머리를 던져넣고는 거대한 바위로 덮어 봉인해 버렸어요. 헤라클레스는 이때 얻은 히드라의 피를 화살에 묻혀 독화살로 사용했는데 어찌나 강력한지 헤라클레스가 독화살을 겨누면 신들도 도망쳤다고 해요. 이후 헤라 여신은 헤라클레스와 싸우다 죽은 히드라와 게를 불쌍하게 생각하여 하늘로 올려 각각 바다뱀자리와 게자리로 만들었어요.

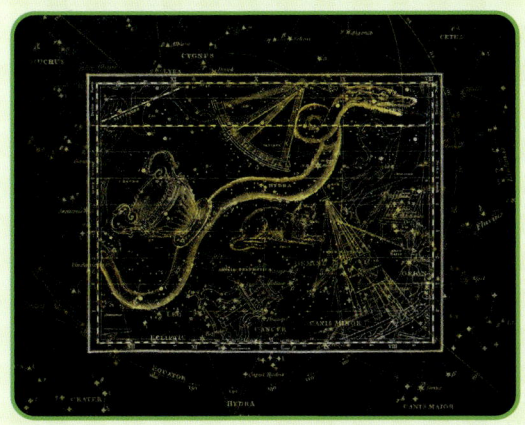

히드라는 고대 그리스어로 물뱀을 뜻하며, 키마이라, 케르베로스, 오르토스와 함께 티폰과 에키드나 사이에서 태어난 괴물 중 하나로, 이름 그대로 거대한 물뱀의 모습을 하고 있다.

괴물과 반인반수 ③

제우스와 싸운
ㅌ ㅍ

① 티폰 ② 타폰 ③ 투포

#태풍 #타이푼 #거대_괴물 #에트나산

제우스와 싸운 티폰

타이푼의 유래가 된 강력한 힘

티폰은 세상에서 제일 크고 강한 거대 괴물이에요. 대지의 여신 가이아는 자기 자식인 티탄족들을 가둔 제우스에게 복수하기 위해 지하 세계의 신 타르타로스와 사랑을 나누어 아이를 낳았는데 그게 바로 티폰이에요. 티폰은 목부터 허벅지까지는 인간이었지만, 머리에는 불꽃을 내뿜는 100마리의 용의 머리가, 두 다리 대신 거대한 뱀의 몸통이 달려있었어요. 양어깨에는 커다란 날개가 달려있고 그의 몸 주변에는 항상 거센 돌풍이 불었다고 전해져요. 제일 충격적인 것은 티폰의 크기였어요. 티폰은 키가 어찌나 큰지 머리가 하늘을 뚫고 우주에 있는 별에 닿으며, 두 팔을 펼치면 세계의 동쪽과 서쪽 끝에 닿았다고 해요. 어른이 된 티폰은 제우스에게 복수하기 위해 올림포스로 향합니다. 거대한 팔로 불붙은 바위를 집어 던지고 거대한 용의 머리로 불을 뿜어댔어요. 올림포스의 신들은 거대하고 강력한 티폰의 공격에 깜짝 놀라 동물로 변신해서 이집트로 도망치죠. 하지만 최고 신 제우스는 불타오르는 벼락을 한 손에 들고 티폰과 용감하게 맞서 싸워요. 제우스가 멀리서 강력한 벼락을 내리치자 아무리 티폰이라 해도 도망칠 수밖에 없었어요. 신이 난 제우스는 낫을 들고 다가가 티폰을 공격하는데, 방심한 제우스가 가까이 접근하자 티폰은 거대한 뱀의 꼬리로 제우스를 감싸 강한 힘으로 꼼짝 못하게 한 뒤 손발의 힘줄을 잘라버려요. 힘줄을 잃어버린 제우스는 동굴에 갇혀버리고 티폰은 제우스의 힘줄을 곰 가죽으로 감싸서 꼭꼭 숨겨두었어요. 이렇게 세상이 망해버리려던 그 순간! 도둑의 신 헤르메스가 몰래 힘줄을 훔쳐내고 제우스에게 돌려줍니다. 힘을 되찾은 제우스는 다른 신들의 도움을 받아 티폰을 공격했어요. 티폰은 갑작스러운 기습에 정신을 못 차리고 패배하고 말아요. 제우스는 벼락을 맞고 비틀거리는 티폰의 머리 위로 에트나산을 번쩍 들어올려 던졌고, 산에 깔려 봉인되며 올림포스의 승리로 마무리됩니다. 아직도 이탈리아 에트나산에서는 티폰이 꿈틀댈 때마다 화산이 폭발한다고 전해져요. 모든 것을 휩쓸어버리는 강력한 태풍의 영어 이름 '타이푼'도 티폰의 이름에서 유래되었답니다.

머리에서 허벅지까지 인간이지만, 사람의 머리 대신 눈에서 번갯불과 불꽃을 내뿜을 수 있는 용의 머리가 돋아나 있었고, 두 개의 대퇴부에서 밑으로는 똬리를 튼 거대한 뱀의 모습을 지니고 있다.

 괴물과 반인반수 ④

지하 세계의 파수견
크르브르스

① 케르베로스　② 캐롯바로스　③ 쿠루베로스

#하데스 #파수견 #지옥의_수문장 #죽은_자만_지나간다
#하데스_왕비_페르세포네는_출입_가능

지하 세계의 파수견 케르베로스

그 어떤 망자도 빠져나갈 수 없어!

케르베로스는 티폰과 에키드나의 자식으로 히드라와는 형제예요. 케르베로스는 지하 세계를 지키는 파수견답게 아주 무시무시하게 생겼어요. 전체적으로는 검은색 개의 모습이지만 머리 부분에는 커다란 개의 머리가 세 개나 있고 몸통에는 무려 50마리의 뱀의 머리가 달려있어요. 그리고 꼬리는 거대한 독사로 이루어져 있고, 사자의 발톱을 가진 괴물이었죠. 세 개의 머리에서는 각각 독과 불, 그리고 얼음을 내뿜었다고 전해져요. 케르베로스는 하데스의 충직한 파수견으로 지하 세계의 문 앞에 앉아 밖에서 들어오는 산 사람을 막고, 문 안에서 죽은 사람의 영혼이 탈출하지 못하게 지켰어요. 케르베로스는 죽은 사람의 영혼은 조용히 들여보내 주지만 문 안에서 빠져나오려고 하면 맹렬하게 짖으며 날카로운 이빨과 발톱으로 갈기갈기 찢어버렸다고 해요. 케르베로스와 관련된 이야기 중 유명한 것은 헤라클레스와의 일화예요. 최고의 영웅 헤라클레스의 열두 가지 과업 중 마지막 임무가 바로 케르베로스를 잡아오는 것이었어요. 그래서 헤라클레스는 지하 세계로 내려가서 하데스를 만나려 했지만, 뱃사공 카론은 산 사람은

탈 수 없다며 헤라클레스를 태워주지 않으려 했죠. 그러자 헤라클레스는 카론을 힘으로 꺾어버리고, 카론은 어쩔 수 없이 하데스의 궁전으로 데려다주었어요. 케르베로스를 데려가기 위해서는 지하 세계의 강력한 지배자인 하데스의 허락이 꼭 필요했기 때문에 헤라클레스는 하데스에게 사정을 설명하고 부탁했어요. 이야기를 들은 하데스는 이렇게 말했어요. "너의 사정은 잘 알겠으나 케르베로스를 상처입히는 것은 허락할 수 없다. 무기를 사용하지 않고 힘만으로 데려갈 수 있다면 그렇게 해보거라. 다만 일이 끝난 후에는 다시 지하 세계로 꼭 돌려주어야 한다." 헤라클레스는 하데스에게 약속한 대로 맨손으로 케르베로스와 맞서 싸워요. 불과 독을 뿜으며 달려드는 케르베로스의 머리 위로 번쩍 뛰어오른 헤라클레스는 두 팔로 목을 졸라 기절시키고 커다란 가죽에 담아가요. 그리고 지상 세계로 나가 마지막 임무를 성공시키고, 케르베로스를 다시 지하 세계로 돌려주었답니다.

케르베로스는 파수견의 역할을 맡을 뿐 원래는 사악한 존재가 아니다.

괴물과 반인반수 5
철과 놋쇠의 장인
ㅌㅋㄴㅅ

① 텔키네스   ② 텔코노스   ③ 투크네스

#반인반수 #마법사_느낌 #연금술사 #대장장이 #포세이돈_양육
#삼지창_제작 #대홍수

철과 놋쇠의 장인 텔키네스

마법과 금속을 동시에 다루는 것은 내가 제일이지!

　텔키네스와 관련된 이야기는 너무 오래되고 다양한 버전이 있어 그중 한 가지 버전으로 이야기해 볼게요. 텔키네스는 로도스섬에 사는 아홉 명의 형제로, 바다의 신 폰토스와 대지의 여신 가이아 사이에서 태어난 신화 속 요괴예요. 몸의 상반신은 인간의 모습을 하고 하반신은 물고기의 형태를 하고 있다고 전해지죠. 그들은 로도스섬에 사는 강력한 마법사이자 대장장이예요. 그래서 로도스섬 사람들은 신으로 숭배하기도 했죠. 텔키네스와 가장 관련 깊은 신은 포세이돈이에요. 제우스와 포세이돈의 어머니인 레아는 어린 포세이돈을 바다의 신 폰토스의 아들 텔키네스에게 맡겼고, 텔키네스는 바다의 요정 카페이라와 함께 포세이돈을 훌륭하게 키워 새로운 바다의 신으로 만들었어요. 또 텔키네스는 철, 놋쇠 같은 금속과 물을 다루는 능력이 매우 뛰어났는데, 이런 기술들을 사용해서 역사에 길이 남을 최강의 무기를 만들었어요. 그 무기는 바로 삼지창 트리아이나예요. 바닷물을 조종해서 해일을 일으키고, 땅을 찍어 지진을 일으키는 굉장한 무기이지요. 텔키네스 형제들은 그 무기를 포세이돈에게 주었고, 그 덕분에 강력한 포세이돈이 더욱 강력해져 바다의 지배자가 되었어요. 포세이돈의 삼지창 트리아이나는 포세이돈을 상징하는 무기가 되었죠.

이렇게 솜씨 좋은 대장장이였던 텔키네스 형제들은 끊임없이 마법의 힘과 기술을 갈고닦았어요. 그러던 어느 날 그들은 손대지 말아야 할 어둠의 마법에 빠져버렸고, 스틱스강에 유황을 섞은 마법의 물을 뿌려 땅에 사는 모든 동식물을 죽게 했어요. 텔키네스 형제들의 강력한 저주의 마법과 무기를 만드는 능력을 경계하던 제우스는 그 사실을 알고 벌을 주기로 결심하죠. 제우스는 텔키네스 형제들이 살던 로도스섬에 번개를 내리치고 대홍수를 일으켰고, 텔키네스 형제들은 이 사건으로 대부분 죽었지만, 몇몇은 살아남아 뿔뿔이 흩어져 정체를 숨기고 살아갔다고 해요.

제우스가 번개를 내리쳐 홍수를 일으킨 로도스섬의 위치.

괴물과 반인반수 6

바다를 삼키는 괴물
ㅋ ㄹ ㅂ ㄷ ㅅ

① 카리브디스　② 카리브도스　③ 카리브데스

#포세이돈의_장녀 #대지의_여신 #제우스의_번개 #모두_삼킨다 #오디세우스

바다를 삼키는 괴물 카리브디스

배고프다! 모두 먹어 치워버리겠어!

카리브디스는 바다의 신 포세이돈과 대지의 여신 가이아의 딸이에요. 포세이돈은 원래도 자식들을 아끼지만, 특히 첫째 딸인 카리브디스를 매우 예뻐했어요. 카리브디스는 부모님의 사랑을 받으며 자라 포세이돈 다음으로 강력한 바다의 여신이 되었어요. 그런데 카리브디스는 식탐이 어마어마하게 강했어요. 먹는 것을 너무 좋아한 카리브디스는 온갖 맛있는 음식을 다 먹어 치우다가 결국 신들의 음식인 암브로시아와 음료 넥타르까지 몰래 훔쳐먹고 말아요. 처음 맛보는 황홀한 맛에 홀려 정신없이 훔쳐먹던 카리브디스는 결국 제우스에게 들켜버렸어요. 분노한 제우스는 번개를 내리쳐 그녀를 바다 깊숙한 곳에 빠뜨렸어요. 그리고 먹는 것을 모두 토하게 만드는 저주를 내렸죠. 바다 깊은 곳에 갇힌 카리브디스는 간신히 살아남았지만, 저주에 걸려 괴물이 되어버렸어요. 괴물이 된 카리브디스는 참을 수 없는 배고픔에 바닷물을 삼키기 시작해요. 강력한 힘으로 바닷물을 꿀꺽꿀꺽 삼켜버리자, 거대한 소용돌이가 생기고 떠다니던 배들까지 모두 카리브디스의 뱃속으로 빨려 들어갔어요. 그리고 배가 차면 다시 모든 걸 토

해냈죠. 이후로 카리브디스가 머무는 바다는 아무도 지나가지 못하는 죽음의 바다가 되었어요. 카리브디스는 그리스의 유명한 영웅 오디세우스의 이야기에서도 나오는데요. 트로이 전쟁이 끝나고 오디세우스가 부하들과 함께 배를 타고 집으로 돌아가던 길에 꼭 지나가야 하는 두 갈래의 항로가 있었어요. 한쪽에는 스킬라는 사람을 잡아먹는 괴물이 있었고, 다른 한쪽에는 카리브디스가 있는 바다였어요. 카리브디스의 소용돌이에 휘말리면 모두 죽을 수밖에 없었기 때문에 스킬라 쪽으로 나아갔어요. 소용돌이를 피하느라 정신이 팔린 사이 스킬라가 부하 여섯 명을 날쌔게 채가서 잡아먹어 버렸어요. 오디세우스는 슬퍼하며 계속 나아갔지만,

그의 부하들은 신이 아끼는 소를 훔쳐먹은 벌로 카리브디스의 바다에 빠져버렸어요. 오디세우스는 무화과나무에 매달려 간신히 살아남았지만, 배와 부하를 모두 잃고 말았답니다.

카리브디스는 메시나 해협 일대의 소용돌이가 의인화된 존재로 알려져있다.

괴물과 반인반수 ⑦

영웅들의 뛰어난 스승
ㅋㅇㄹ

① 케이론 ② 카이로 ③ 코알라

#영웅의_스승 #반인반수 #켄타우로스족의_영웅
#헤라클레스_아킬레우스_이아손의_스승 #궁수자리

 ## 영웅들의 뛰어난 스승 케이론

영웅이 되고 싶은 자, 나에게 오라

　케이론은 제우스의 아버지 크로노스와 여신 필리라의 아들이에요. 크로노스는 아내 레아의 눈을 피해 바람피우기 위해 말로 변신해서 필리라와 사랑을 나누었기 때문에 케이론은 상체는 인간, 하체는 말로 태어났어요. 이렇게 몸의 반이 인간이고 나머지 반이 말인 종족을 켄타우로스라고 불렀는데요. 무식하고 거칠다고 알려진 켄타우로스의 특징과 다르게 케이론은 차분하고 현명했어요. 신의 피를 이은 케이론은 어린 시절 음악, 궁술, 치료의 신인 아폴론과 사냥의 신 아르테미스의 보살핌 아래 자랐어요. 두 신의 가르침을 받은 케이론은 음악, 치료, 무술 등 여러 방면에 뛰어난 재주를 가진 켄타우로스족의 영웅이 되었죠. 케이론의 소문을 들은 사람들은 그를 찾아와 자기 자식을 가르쳐달라고 부탁하거나, 그를 스승으로 모셨어요. 케이론은 그들에게 지식과 기술을 아낌없이 가르쳐주었어요. 그의 정성 어린 가르침을 받은 제자들은 훌륭한 영웅으로 성장하는데요. 여러분이 아는 케이론의 제자는 누가 있을까요? 최강의 영웅 헤라클레스, 트로이 전쟁을 승리로 이끈 아킬레우스, 아르고호 원정의 리더였던 이아손 등이 모두 케이론의 제자랍니다. 이렇게 많은 영웅을 탄생시키다니 정말 대단하죠? 그러나 그의 마지막은 좋지 않았어요. 하루는 헤라클레스가 켄타우로스족 친구인 폴로스의 집에 방문하는데요. 맛있는 음식을 먹던 헤라클레스는 마실 만한 술을 달라고 요청했어요. 폴로스의 집에는 포도주의 신 디오니소스가 선물한 술이 있었어요. 이 술은 원래 켄타우로스족이 모두 함께 마시기로 했는데 헤라클레스가 계속 요청하자 결국 술 항아리를 열고 말았죠. 달콤한 술 냄새가 퍼져나가자, 화가 난 켄타우로스들이 몰려와 헤라클레스를 공격했고, 헤라클레스는 히드라의 피가 묻은 독화살을 쏘며 반격했어요. 그런데 그중 하나가 잘못 쏘아져 케이론의 허벅지에 맞고 말았어요. 케이론은 몸이 불에 타는 듯한 고통을 느끼며 제우스에게 자신을 죽게 해달라고 부탁하죠. 제우스는 그의 부탁을 들어주며 케이론을 하늘로 올렸고, 지금의 궁수자리가 되었답니다.

케이론과 아킬레우스.

5장 그리스 로마 신화에서 유래된 말

그리스 로마 신화에서 유래된 말 ①

ㅇㅋ와
ㄴㄹㅋㅅㅅ

① 에코   ② 아코   ③ 요코
① 나르코소스   ② 나르키소스   ③ 네르키소스

#수선화 #메아리 #나르시시즘 #자기애 #자아도취

이루어질 수 없는 사랑의 슬픔

 숲과 샘의 요정 에코는 한 번 입을 열면 몇 시간이나 말을 쏟아내는 엄청난 수다쟁이예요. 오늘도 역시 바람둥이 제우스는 에코의 친구인 예쁜 요정과 바람을 피고 있었어요. 헤라가 바람피우는 제우스와 친구를 잡으러 오자 에코는 헤라 앞에 나타나 거짓말과 수다로 시간을 끌어요. 에코의 끝없는 수다에 정신이 팔린 헤라는 결국 제우스를 놓치고 화가 나서 에코에게 저주를 내려요. "이 시끄러운 녀석, 앞으로 너는 다른 사람의 마지막 말만 따라 할 수 있을 것이다!" 그 뒤로 에코는 다른 사람의 마지막 말만 따라 하게 되었어요. 저주를 받은 에코는 숲속을 떠돌다 자신의 이상형을 만났어요. 그 남자는 강의 신 케피소스의 아들 나르키소스예요. 나르키소스는 어렸을 때부터 잘생기기로 유명했죠. 수많은 여자가 나르키소스에게 반해 사랑을 고백했지만, 눈이 높고 쌀쌀맞던 나르키소스는 모두 거절했어요. 에코도 그에게 사랑을 고백하고 싶었지만, 말을 할 수 없어 그의 뒤를 줄줄 따라다녔어요. 어느 날 숲에서 길을 잃은 나르키소스는 소리를 질렀어요. "거기 누구 없어요?" 나르키소스를 쫓아다니던 에코는 뒷말만 따라 했어요. "없어요?" 나르키소스는 에코의 말을 듣고 "모습을 드러내고 나와 만나자."라고 이야기해요. 그 말에 신이 난 에코는 "나와 만나자."라고 소리치며 나르키소스를 껴안았고, 깜짝 놀란 나르키소스는 에코를 뿌리치며 "내 몸에 손대지 마!"라고 외쳐요. 에코는 슬퍼하며 "손대지 마!"만 따라 말하고 울며 도망쳐요. 마음의 상처를 입은 에코는 시름시름 앓다가 목소리만 남아 메아리가 되었어요. 지금도 숲이나 산에서 소리 지를 때 되돌아오는 소리를 메아리(영어로는 에코)라고 한답니다. 한편 나르키소스가 거절한 여자 중 한 명이 복수의 여신에게 나르키소스도 짝사랑의 아픔을 알게 해달라는 소원을 빌었요. 저주에 걸린 나르키소스는 맑은 연못에 비친 자기 모습을 보고 사랑에 빠져요. 물에 비친 자신을 사랑하게 된 나르키소스는 먹지도 자지도 못하고 자기 모습만 바라보다 죽고 말아요. 이로부터 나온 말이 나르시시즘(자기애)입니다.

나르키소스는 연못에 비친 자신의 모습을 사랑하였고, 그 자리에서 죽은 후 수선화가 됐다.

그리스 로마 신화에서 유래된 말 ②

ㅍ ㄷ ㄹ 의 상자

① 판도라　② 판달리　③ 평도리

최초의_여자 # 프로메테우스 # 불 # 호기심 # 희망 # 비밀

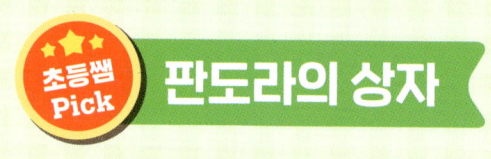

하지 말라는 데는 다 이유가 있는 법!

  옛날 옛적 인간이 불을 사용하지 못하던 시절, 추위에 떨고 짐승들에게 쫓겨 다니는 인간을 불쌍하게 생각하던 프로메테우스라는 신이 있었어요. 프로메테우스는 인간들에게 불을 사용하게 해주자고 했지만, 올림포스의 신들은 인간이 불을 다루게 되면 신들을 존경하지 않을까 걱정하여 불을 주는 것을 반대했어요. 프로메테우스는 결국 다른 신들 몰래 불을 훔쳐 인간들에게 전해주었고, 제우스는 프로메테우스와 인간들을 혼내주기 위해 계획을 세워요. 제우스는 대장장이의 신 헤파이스토스를 불러 여신처럼 아름다운 인간 여자를 만들라고 명령했어요. 헤파이스토스는 자신의 모든 기술을 사용하여 진흙을 빚어 아름다운 인간 여자를 만들었어요. 그전까지는 인간 세계에는 남자밖에 없었기 때문에 여러 신들은 최초의 인간 여자의 탄생을 축하하며 각자 한 가지씩 선물을 해요. 아프로디테는 아름다움을, 아테나는 바느질하는 법을, 헤르메스는 마음을 숨기는 법을, 아폴론은 음악을, 제우스는 호기심을 선물했어요. 그리고 그녀의 이름을 판도라(모든 것을 선물 받은 사람)라고 지어줘요. 제우스는 판도라를 프로메테우스의 동생인 에피메테우스와 결혼시키고 결혼 선물로 아름다운 보석 상자를 주며 말합니다. "절대 무슨 일이 있어도 이 상자를 열면 안 된다!" 에피메테우스와 행복한 결혼 생활을 하던 판도라는 처음에는 제우스의 말을 잘 지켰죠. 그런데 제우스가 판도라가 태어날 때 무엇을 주었는지 기억하나요? 맞아요. 바로 호기심이에요. '저 상자에 도대체 무엇이 들었길래 절대 열지 말라고 했을까?' 호기심을 참을 수 없었던 판도라는 결국 상자를 열어버렸고, 상자 안에 들어있던 질병, 전쟁, 우울, 분노, 욕심, 질투 등 온갖 나쁜 것들이 빠져나왔어요. 깜짝 놀란 판도라는 얼른 상자를 닫았지만, 다른 나쁜 것은 모두 빠져나가고 상자에는 맨 아래 있던 희망 하나만 남았어요. 그 이후로 사람들은 질병과 욕심 등 고통에 시달리게 되었지만, 더 나아질 것이라는 희망만은 잃지 않았다고 해요. 그리고 이 이야기는 현재까지 전해져 알아서는 안 될 비밀을 알게 되었을 때 '판도라의 상자를 열어버렸다!'라고 표현한답니다.

그리스 신화에 나오는 최초의 여성으로 판도라의 상자는 인류의 불행과 희망의 시작을 나타낸다.

그리스 로마 신화에서 유래된 말 ③

ㅁ ㄷ ㅅ 의 손

① 미다스　② 무디스　③ 마동석

#황금 #손대면_성공 #성공의_이면 #디오니소스 #욕심

세계 최고 부자가 되고 싶은 황금의 손

 아름다운 장미 정원이 있는 프리기아의 왕 미다스는 어느 날 자신의 정원에서 술에 취해 잠든 한 노인을 만나요. 코가 빨개지도록 술을 마신 노인의 이름은 실레노스였어요. 실레노스가 평범한 사람이 아니라는 것을 눈치챈 미다스 왕은 실레노스에게 좋은 음식을 대접하며 귀하게 모셨어요. 열흘이 지나자, 포도주와 축제의 신 디오니소스가 와서 자기 스승님을 잘 돌봐주어 고맙다며 소원을 한 가지 들어주겠다고 말했어요. 미다스 왕은 이미 부자였지만 더 큰 부자가 되고 싶어서 '제가 만지는 것이 무엇이든 다 황금으로 변하게 해주세요'라고 소원을 빌어요. 디오니소스는 좋지 않은 소원 같다며 다른 소원을 빌 기회를 주지만 욕심 많은 미다스 왕은 자신의 소원을 바꾸지 않아요. 결국 디오니소스는 그의 소원을 들어주었어요. 신이 난 미다스 왕은 사과도 만져보고 물잔도 만져보고 하며 자기 주위 물건들을 모두 황금으로 바꾸었고, 이제 자신이 세계 최고의 부자라며 축제를 열었어요. 그런데 미다스 왕이 건배하기 위해 포도주잔을 들어 올리자 무슨 일이 생겼을까요? 맞아요. 포도주까지 모두 황금으로 변해버려 마실 수 없게 되었죠. 음식도 마찬가지였어요. 고기를 집으면 황금 고기가, 빵을 집으면 황금 빵이 되어버렸어요. 그렇게 밥도 못 먹고 속상해 하는 미다스 왕에게 예쁜 딸이 달려왔어요. 미다스 왕은 평소 습관대로 딸을 안아 들었어요. 그 순간 딸의 표정이 굳더니 황금으로 변해버리고 말았어요. 사랑하는 딸을 잃은 미다스는 디오니소스를 찾아가 제발 황금으로 변하게 하는 능력을 없애고 딸을 원래대로 돌려달라고 부탁해요. 디오니소스는 혀를 차며 '팍토로스강'을 찾아가 손을 씻으면 능력이 사라질 것이라 알려주었고, 미다스 왕은 바로 강으로 달려가 손을 씻어요. 손을 씻자 황금으로 변했던 것들이 원래대로 돌아오며 딸도 되살아났어요. 그 뒤로 '미다스의 손'이라는 말은 현재까지 전해져 손대는 일마다 큰 성공을 거두는 사람을 뜻하는 말이 되었답니다.

만지는 모든 것이 황금으로 변하는 왕 미다스가 딸을 만지자 딸마저도 황금으로 변했다.

그리스 로마 신화에서 유래된 말 ④

유혹의 노래
ㅅㅇㄹ

① 세이렌　② 실오리　③ 세일럼

#사이렌의_유래 #인간의_얼굴_새의_몸 #신비로운_노래 #오디세우스

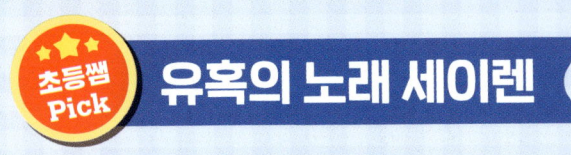
유혹의 노래 세이렌

사람을 홀리는 노랫소리

그리스와 로마 신화 속에는 아름다운 요정과 신만 있는 것은 아니에요. 신과 인간의 경계에 있는 존재도 있고, 괴물과 신의 중간에 있는 이들도 있죠. 세이렌도 그런 존재예요. 예쁘고 고운 인간의 얼굴과 새의 몸을 가지고 있었죠. 세이렌은 지중해 먼바다 바위가 많은 섬에서 살았어요. 음악의 신 뮤즈의 자식이었던 세이렌에게는 한 가지 특별한 능력이 있었는데 그것은 바로 사람을 홀리는 노랫소리였어요. 바위섬에 앉아있다가 지나가는 배를 발견하면 신비로운 노랫소리로 선원들을 유혹해서 바닷속에 빠져 죽게 했지요. 거친 파도와 바위가 가득한 섬을 지나가는 선원들은 세이렌에게 홀릴까 봐 덜덜 떨었지만, 이 무서운 바다를 빠져나간 사람이 있었어요. 그 사람은 바로 포세이돈 편에서 나왔던 오디세우스예요. 오디세우스는 바다를 떠돌다 한 섬에서 마녀 키르케를 만났는데, 키르케는 오디세우스의 멋진 모습에 반해 세이렌이 지배하는 바다를 헤쳐 나갈 방법을 알려줘요. 그 방법은 바로 선원들의 귀를 모두 밀랍으로 막는 것이었죠. 다만 오디세우스가 세이렌의 노랫소리를 궁금해하자 그에게 꼭 듣고 싶다면 절대 풀 수 없도록 온몸을 기둥에 밧줄로 꽁꽁 묶고 지나가라고 알려줘요. 오디세우스는 키르케의 말대로 기둥에 묶인 채로 가다가 세이렌을 만나요. 세이렌의 노랫소리를 듣자마자 선원들에게 자신을 풀어달라고 애원했지만, 귀가 밀랍으로 꽉 막혀있던 선원들은 그런 오디세우스의 말을 무시하고 무사히 바다를 빠져나갔답니다. 세이렌은 자신의 노래를 듣고도 살아서 빠져나간 오디세우스를 보고 자존심이 상해 스스로 바다에 몸을 던져 죽었다고 해요. 그런데 일상에서 세이렌과 비슷한 단어를 들어본 적 있지 않나요? 바로 사이렌이에요. 사이렌은 프랑스의 과학자 투르가 만든 경보장치로 시끄러운 소리를 통해 위험한 응급상황을 알리는 장치입니다. 신화 속 세이렌의 소리가 들리면 위기 상황이라는 점을 참고해서 그렇게 이름을 지었다고 해요. 정말 신기하죠?

세이렌은 아름다운 인간 여성의 얼굴에 독수리의 몸을 가진 전설의 존재이다.

그리스 로마 신화에서 유래된 말 ⑤

정복과 승리의 신
ㄴ ㅋ

① 노크 　② 누크 　③ 니케

#승리 #정복 #V자 #나이키 #빅토리 #날개의_여신

나와 함께한다면 승리하게 될 거예요!
승리의 포즈 V

사진 찍을 때 엄지와 검지 손가락을 들어 브이(V) 한 적 있지 않나요? 이 표시도 그리스 로마 신화에서 나왔다는 것 알고있나요? 제우스가 이끄는 올림포스의 신들과 제우스의 아버지 크로노스가 이끄는 티탄족이 전쟁할 때 제우스 편에 서서 승리를 가져다 준 여신이 있었어요. 이 여신의 그리스식 이름은 바로 니케, 로마식 이름은 빅토리아예요. 빅토리아는 티탄족의 신 팔라스와 저승에 흐르는 강의 신 스틱스 사이에서 태어난 여신이에요. 빅토리아는 티탄족임에도 불구하고 가족들과 함께 제우스와 올림포스의 편에 섰는데요. 빠른 날개로 최고 신 제우스의 전차를 이끌며 전쟁에 참여했어요. 올림포스 신들이 티탄족에게 밀릴 때마다 하늘에서 빅토리아가 이끄는 전차가 나타나고 제우스가 번개를 던지며 순식간에 적들을 쓰러뜨렸어요. 이렇게 올림포스 신들을 도와 가는 곳마다 승리했기 때문에 그녀를 승리의 여신으로 부르게 되었답니다. 승리의 여신 빅토리아는 여러 그림 속에서 전쟁의 여신 아테나와 친하게 지내며, 전쟁과 시합에서 승리한 사람들에게 승리의 상징인 월계관을 씌워주는 역할로 많이 나와요. 사람들은 경쟁에서 승리하고 싶은 마음을 담아 빅토리아 여신의 조각상과 신전을 만들고 기도했어요. 이 문화가 지금까지 이어져 그리스 로마 시대가 끝난 후에도 사람들 사이에서는 '빅토리'를 '승리하다'라는 뜻으로 쓰기 시작했고, 경기나 시합에서 이긴 뒤 빅토리(Victory)의 앞 글자 V를 손가락으로 표시하며 우리가 아는 브이 포즈가 탄생한 것이랍니다. 승리의 여신 빅토리아의 그리스식 이름 니케도 굉장히 유명한데요. 여러분이 아는 유명한 운동화 회사 중에 니케와 발음이 비슷한 회사가 있지 않나요? 맞아요. 나이키가 바로 니케에서 나온 단어예요. 나이키 운동화를 만든 설립자는 운동화 회사 이름을 뭐로 지을지 고민에 빠져요. 그러다 승리의 여신인 니케를 영어식 발음 나이키로 바꾸어 회사 이름으로 정하고 니케 여신의 날개 모양을 간단한 무늬로 바꾸어 지금의 나이키 로고를 만들었다고 해요.

사모트라케의 니케. 루브르 박물관에 소장 중.

그리스 로마 신화에서 유래된 말 ⑥

황소에 올라탄 공주
ㅇㅇㄹㅍ

① 에우로페　② 이아르피　③ 요우라피

#제우스_바람기 #유럽 #아름다운_호수 #라다만티스 #미노스 #사르페논 #제우스_아들_셋

황소에 올라탄 공주 에우로페

유럽 대륙의 이름을 만든 에우로페

페니키아의 공주 에우로페는 어느 날 이상한 꿈을 꾸다가 잠에서 깨요. 꿈에서는 커다란 두 대륙이 여자의 모습을 하고 서로 싸우고 있었어요. 한 명은 아시아고 한 명은 이름이 없는 대륙이었어요. 아시아는 에우로페가 아시아에서 태어났으니 자기 것이라고 주장했고, 다른 이름 없는 대륙은 제우스가 에우로페를 자신에게 데려다줄 거라고 소리질렀어요. 에우로페는 너무 생생한 꿈에 놀랐지만 이상한 꿈이라고 생각하며 친구들과 함께 꽃을 따러 나갔어요. 화창한 봄날 예쁜 꽃밭을 거니는 에우로페의 미모는 눈이 부셨죠. 하늘에서 이 모습을 지켜보던 제우스는 마침 헤라가 자리를 비운 사실을 알고는 에우로페를 만나기 위해 인간 세계로 내려가요. 바람을 피우다 헤라에게 걸려 된통 혼이 난 제우스는 이번만큼은 걸리지 않겠다고 다짐하며 윤기나는 털을 가진 아름다운 황소로 변신했어요. 멋진 뿔은 빛나는 초승달 같았고 몸에서는 달콤한 천상의 향기가 은은하게 흘러나왔어요. 황소를 발견한 에우로페와 친구들은 온순해 보이는 모습에 황소에게 다가가 쓰다듬었고 황소는 기분 좋은 울음 소리를 내며 등을 내주었어요. 에우로페 앞으로 다가가 올라타기 편하게 무릎을 꿇자 에우로페는 신기해 하며 황소의 등에 올라탔어요. 에우로페가 올라타자 황소는 갑자기 전속력으로 달리기 시작했어요. 들판을 지나 바다에 도착하자 에우로페는 내려달라고 애원했지만 제우스는 모른 척하고 바다에 뛰어들었어요. 에우로페는 황소가 바다에 빠지기는커녕 파도를 가르며 물 위를 달리자 평범한 황소가 아니라 신이라는 것을 눈치채고 바다에 빠지지 않게 뿔을 잡고 꽉 매달렸어요. 제우스는 헤라에게 들키지 않기 위해 열심히 달려서 바다를 건너고 자신이 태어났던 크레타섬에 도착했어요. 그리고 늠름한 신의 모습으로 돌아와 자신이 제우스임을 밝히고 에우로페와 사랑을 나누었어요. 에우로페는 제우스의 아들을 셋(라다만티스, 미노스, 사르페논)이나 낳게 되었고, 크레타섬에 멋진 궁전을 짓고 나라를 다스리며 살았어요. 이후 후손들은 크레타섬이 속한 대륙을 그녀의 이름을 따서 에우로페, 영어로는 유럽(Europe)이라고 부르게 되었답니다.

에우로페의 이름은 유럽과 위성 유로파의 이름에 영향을 줬다.

그리스 로마 신화에서 유래된 말 ⑦

포세이돈의 아들
ㅇ ㅌ ㄹ ㅅ

① 아틀라스　② 오트레스　③ 아틀룩스

#포세이돈_아들 #해상_도시 #보물_가득 #바다에_가라앉은_섬
#하늘을_떠받치는_형벌

신비와 보물이 가득한 전설의 섬, 아틀란티스

　여러분 혹시 아틀라스에 대해서 들어보셨나요? 그리스 로마 신화에서는 아틀라스에 관한 서로 다른 두 가지 이야기가 전해지고 있어요. 첫째는 바다로 가라앉은 전설의 섬 아틀란티스예요. 그리스 로마 신화 속 신들은 티탄족과 전쟁이 끝난 후 다스릴 영토를 나누어 받았는데 이때 포세이돈이 받은 곳이 바로 아틀란티스예요. 포세이돈은 아틀란티스에 살고 있던 클레이토라는 여자와 사랑에 빠지고 여러 자식을 낳았는데 이중 첫째 아들이 바로 아틀라스였어요. 포세이돈은 장남인 아틀라스에게 아틀란티스섬과 강을 지배할 수 있게 해주고 자손들을 위해 아틀란티스를 멋지게 조각해요. 섬 가운데 있던 산을 깎아 빛나는 궁전으로 만들었죠. 그리고 궁전을 중심으로 섬을 둥근 반지 모양으로 여러 겹 파서 강을 만들었어요. 포세이돈은 바다의 신답게 바다와 강으로 둘러싸인 멋진 해상 도시를 만든 거죠. 이 아틀란티스섬은 과일과 곡식이 잘 자라고, 은과 오리할콘(황동 합금 또는 알루미늄이라고 추측) 같은 귀한 금속들이 풍부했어요. 아틀란티스는 풍부한 자원을 바탕으로 강한 나라가 되었어요. 하지만 그 자손들은 강한 힘에 취해 다른 나라를 침략하고 신을 잊어버렸죠. 화가 난 신들의 분노로 아틀란티스는 섬의 화산이 폭발하고, 지진과 해일이 덮쳐 바다 속으로 가라앉고 말았답니다. 지금까지도 저 깊은 바다 어딘가에 온갖 보물들이 넘치는 아틀란티스섬이 있을 거라 전해지고 있어요.

둘째는 티탄족의 신 아틀라스에요. 아틀라스는 신체의 힘으로만 따지면 티탄 신들 중 가장 강했다고 해요. 그래서 제우스는 티탄족을 이기고 나서 아틀라스가 반란을 일으키지 못하게 하늘을 떠받치는 벌을 주었어요. 무거운 하늘을 머리에 이고 두 팔로 떠받치던 아틀라스는 너무 힘이 들었어요. 그래서 메두사(보는 사람을 돌로 변신시키는 괴물)를 물리친 페르세우스에게 자신을 돌로 만들어 달라고 부탁해요. 페르세우스는 그 부탁을 들어주고 아틀라스는 돌로 변해 거대한 산이 되었어요. 이 산이 바로 아프리카에 있는 아틀라스 산맥이라고 전해진답니다.

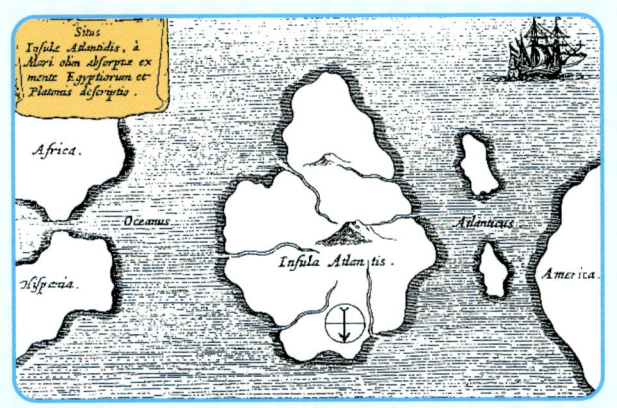

신의 분노를 사 바다 속으로 사라져버린 풍요로운 땅 아틀란티스 상상도.

그리스 로마 신화에서 유래된 말 ⑧

조각과 사랑에 빠진
ㅍㄱㅁㄹㅇ

① 피그말리온   ② 푸가몰리온   ③ 피가말라요

#피그말리온_효과 #조각상을_사랑한_남자 #아프로디테 #딸도_낳음

조각과 사랑에 빠진 피그말리온

간절한 마음이 이루어낸 기적

옛날 옛적 그리스 로마의 신들이 인간과 어울려 살던 시절, 키프로스섬에 피그말리온이라는 조각가가 살았어요. 이 조각가는 손재주의 신 헤파이스토스처럼 뛰어난 조각 실력을 가졌지만, 조각에만 미쳐 살았기 때문에 현실의 여자를 싫어했어요. 피그말리온이 관심 있는 것은 오직 하나 자신이 정성껏 만든 아름다운 조각상뿐이었죠. 그러던 어느 날 피그말리온은 자기 실력을 최고로 발휘해서 여자 조각상을 만들었는데 이 조각상이 어찌나 예쁜지 그만 조각상과 사랑에 빠지고 말았어요. 그 조각상에게 갈라테이아라는 이름을 지어주고 진짜 자기 아내인 것처럼 옷도 입히고 뽀뽀도 하며 행복한 시간을 보냈어요. 하지만 아무리 사랑해도 갈라테이아는 조각상이었기 때문에 움직일 수 없었죠. 함께 산책하러 갈 수도, 맛있는 음식을 먹을 수도 없어서 피그말리온은 마음이 아팠어요. 그러던 어느 날 마을에서 아프로디테 여신을 기념하는 축제가 열린다는 소식을 듣게 되었어요. 피그말리온은 사랑의 여신 아프로디테라면 자기 소원을 이뤄줄 수 있다는 생각했어요. 아프로디테 축제 날 피그말리온은 정성스레 준비한 제물을 여신에게 바치고 간절한 마음으로 두 손 모아 기도했어요. "여신님, 제발 제 아내 갈라테이아를 사람으로 만들어주세요. 비록 조각상이지만 제가 정말 사랑합니다." 아프로디테는 피그말리온의 진심 어린 기도를 듣고는 사랑의 천사인 큐피드를 보내 조각상 갈라테이아에게 생명을 불어넣어 주었어요. 집으로 돌아와 사람이 된 갈라테이아를 본 피그말리온은 기쁨의 눈물을 흘리며 입을 맞추었고, 아프로디테 여신의 축복 아래 둘은 결혼하여 행복하게 살았답니다. 이 이야기가 현재까지 전해져 피그말리온 효과라는 말이 생겼어요. 피그말리온 효과란, 피그말리온이 갈라테이아가 진짜 아내라고 믿고 인간이 되길 기대하고 간절히 바라자, 조각상이 사람이 된 것처럼 한 사람의 긍정적인 기대가 다른 사람에게 좋은 변화를 일으킨다는 것을 뜻합니다. 처음 봤을 때 예쁘지 않은 것도 볼 때마다 자꾸 '예쁘다, 예쁘다.'라고 말하고 진심으로 그렇게 대하면 점점 예뻐지는 것처럼요.

아프로디테를 감동시킨 피그말리온의 사랑.

ㅅㅅㅍㅅ의 형벌

① 사수포스　② 시시포스　③ 수산프사

#신을_고자질하다 #신의_저주 #신을_속이다 #잔머리 #끝나지_않는_형벌

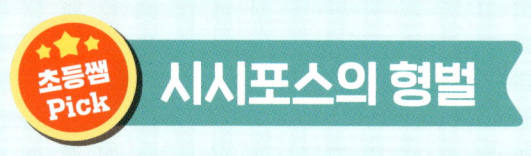

아무리 해도 끝나지 않는 벌

　시시포스는 코린토스라는 나라의 왕이에요. 어느 날 시시포스는 독수리로 변한 제우스가 예쁜 요정 아이기나를 납치하는 장면을 보고 말았어요. 며칠 뒤 강의 신 아소포스가 딸 아이기나를 찾아 헤맨다는 소문을 들었죠. 시시포스는 강의 신 아소포스에게 펑펑 솟아나는 샘물을 만들어 주면 딸의 납치범을 알려주겠다고 해요. 강의 신 아소포스와 거래한 시시포스는 마르지 않는 샘물을 얻을 수 있었지만, 최고 신의 비밀을 함부로 일러바친 죄로 제우스에게 단단히 찍히고 말았어요. 제우스는 괘씸한 시시포스를 혼내기 위해 저승사자 타나토스에게 시시포스를 마법의 사슬로 묶어 저승에 가두라고 명령하죠. 잔머리의 대왕 시시포스는 타나토스를 자극해서 자기 몸에 사슬을 묶게 하죠. 시시포스는 순식간에 사슬을 빼앗고 타나토스를 꽁꽁 묶었고, 신도 빠져나갈 수 없는 마법이었기 때문에 타나토스는 꼼짝도 못하고 지하감옥에 갇히고 말았어요. 저승사자가 갇히자, 아무도 죽지 않게 되었어요. 전쟁을 하는데도 적들이 죽지 않자, 화가 난 전쟁의 신 아레스가 타나토스를 구출하고, 타나토스는 바로 시시포스를 저승으로 데려가요. 시시포스는 저승에 끌려가기 전 또 한 가지 꾀를 내요. 다급하게 아내에게 자기 시체를 발가벗겨 길거리에 버리라고 유언을 남기는 거죠. 저승에 도착한 시시포스는 엉엉 울며 저승의 신 하데스에게 아내가 자기 시체를 버리고 장례도 치르지 않아 너무 원통하다고 하소연하며, 3일의 시간을 주면 아내를 혼내주고 장례만 치르고 오겠다고 약속해요. 하데스는 시시포스의 말을 믿고, 그를 놓아주지만 시시포스는 3일이 지나도 돌아오지 않았어요. 결국 최고 신 제우스는 헤르메스에게 신들을 속인 시시포스를 저승 깊은 곳에 가두라고 명령하죠. 하데스도 자신을 속인 시시포스를 괘씸하게 여겨 큰 바위를 산꼭대기에 밀어 올리라는 벌을 내려요. 그리고는 산을 미끄럽게 만드는 마법을 걸어, 바위를 정상으로 밀어 올리면 반대편으로 굴러떨어지게 했어요. 시시포스는 그렇게 죽은 뒤에 평생 굴러떨어지는 바위를 다시 밀어 올리는 벌을 받았답니다. 이 이야기로부터 나온 말이 아무리 노력해도 헛수고라는 뜻을 가진 '시시포스의 형벌'이에요.

바위는 산꼭대기에 이르면 다시 아래로 굴러떨어지기 때문에 영원히 이 일을 되풀이해야만 했다.

그리스 로마 신화에서 유래된 말 ⑩

창작의 영감
ㅁ ㅈ

① 매직　② 뮤즈　③ 뮤직

#9명 #예술 #영감 #예술과_음악의_신 #무사이 #제우스의_딸들 #뮤직 #뮤지엄

창작의 영감 뮤즈

노래하는 여신들

 뮤즈는 그리스어로는 무사이라고 불리는 예술과 음악의 신들이에요. 특이하게 한 명의 신이 아니라 아홉 명의 여신들을 모두 합쳐 뮤즈라고 부른답니다. 이 아홉 여신들은 모두 최고 신 제우스의 자식이에요. 제우스는 거인족과의 전쟁에서 승리하고 자신의 승리를 기록하고 널리 알리기 위해 기억의 신 므네모시네와 9일간 사랑을 나누어요. 이 9일 동안 아홉 명의 여신이 태어나는데 그녀들이 바로 뮤즈랍니다. 뮤즈는 제우스와 올림포스 신들의 승리를 주제로 노래와 시를 지어 널리 퍼뜨리고 사람들이 기억하게 해주었답니다. 뮤즈는 예술의 신으로서 사람들이 시, 노래, 그림 등의 예술작품을 만드는 데 도움을 주었는데요. 어떤 대상을 보고 아름다운 노래의 멜로디나 멋진 그림에 대한 아이디어가 번뜩 떠올랐을 때 '뮤즈에게 영감을 받았다.'라고 표현해요. 예술가들에게 뮤즈는 뛰어난 작품을 창작하게 해주는 고마운 신이었어요. 하지만 이런 뮤즈에게 도전한 사람도 있었는데요. 바로 트리키아의 음유시인 타미리스에요. 타미리스는 뛰어난 노래와 목소리로 유명했는데요. 그의 노래에 감동한 사람들이 최고라고 칭찬해주자

점점 거만해지기 시작했어요. 타미리스는 델포이에서 열린 노래 대회에서 우승하고는 음악의 신들인 뮤즈가 와도 자기의 상대는 되지 않을 것이라고 자랑을 했어요. 화가 난 뮤즈는 이 소식을 듣고 타미리스와 노래 대결을 펼쳤어요. 타미리스는 대결에서 이기면 자기 소원을 들어달라고 이야기했고, 뮤즈는 지면 큰 벌을 받게 될 것이라고 경고했어요. 아폴론의 심판 아래 노래 대결이 시작되었어요. 과연 누가 이겼을까요? 예상대로 음악의 신 뮤즈가 승리했어요. 아무리 노래를 잘해도 신을 이길 수는 없었고, 뮤즈는 패배한 타미리스가 평생 앞을 못 보도록 시력을 빼앗고, 노래와 악기연주 실력까지 빼앗아버렸답니다. 예술의 신 뮤즈의 이야기는 예술과 관련된 여러 단어가 만들어지는데 큰 영향을 주었는데요. 우리가 알고 있는 영어 단어인 뮤직(음악)도 이 뮤즈에서 나온 거예요. 그리고 아름다운 예술작품을 모아놓은 뮤지엄(박물관)도 뮤즈에서 유래되었습니다.

9명의 뮤즈들. 칼리오페, 탈리아, 텔프시코레, 에우테르페, 폴리힘니아, 클레이오, 에라토, 우라니아, 멜포메.

현직 초등 교사 직접 집필!

교과연계와
어린이 눈높이 연결 **초성 퀴즈**로
여러 **상식**을 놀이처럼 익히자!

글 이동은, 이상진, 유준상, 이다인 | 그림 한규원(필움), 신정아 | 184쪽 | 각 권 13,500원

귀여운 캐릭터가 재미있게 이야기를 이끄는
초등쌤이 알려주는 비밀 시리즈!